LE CHEMIN DES NUAGES
OU
LA FOLIE DE DIEU

OUVRAGES DES AUTEURS

Frère Ephraïm

L'offrande du cœur – Poèmes – 1982
Ed. St François de Sales

Le repos dans l'Esprit – 1982
Ed. Pneumathèque

Le Chemin de la Croix – 1984
Ed. du Lion de Juda (traduit en anglais, néerlandais)

Les pluies de l'arrière-saison – 1985
Ed. Fayard (traduit en néerlandais, italien, espagnol, allemand, arabe, hongrois, anglais).

Lecture amoureuse de la Parole – 1985
Ed. Fayard – Ed. du Lion de Juda

Les Mystères du Rosaire – 1985
Ed. du Lion de Juda (traduit en anglais)

Cantate Eucharistique – 1985
Ed. du Lion de Juda

Les sept Paroles de l'Amour Crucifié – 1987
Ed. du Lion de Juda

Déjà les blés sont blancs pour la moisson – 1987
Ed. Fayard – Ed. du Lion de Juda

Jésus Juif pratiquant – 1987
Ed. Fayard – Ed. du Lion de Juda

A paraître :
La nef éblouie – *théâtre*
Ed. du Lion de Juda

Dr Mardon-Robinson

La nuit de l'esprit selon saint Jean de la Croix et ses rapports avec la mélancolie.
Mémoire de psychiatrie. Marseille 1982.

Vers une nouvelle forme de psychothérapie chrétienne : l'accompagnement psycho-spirituel.
Thèse pour l'obtention du doctorat de médecine. Marseille 1984.

FR EPHRAÏM

DR MARDON-ROBINSON
Médecin psychiatre

LE CHEMIN DES NUAGES OU LA FOLIE DE DIEU

De l'angoisse à la sainteté

Préface de Dom Louis Leloir O.S.B.

Éditions du Lion de Juda

Imprimatur :
Mgr Robert Coffy,
Archevêque de Marseille, le 19 mars 1988.

Illustration de couverture : Feu et Lumière.
ISBN 2-905480-25-4

A Monseigneur Guy Gaucher,
fils de saint Jean de la Croix et frère de Thérèse,
avec notre affection filiale

Qui peut comprendre le chemin des nuages ?

Job 36, 29

Préface

L'homme ne peut voir Dieu et demeurer en vie *(Ex 33,20). Pas de possibilité de contemplation vraie et profonde sans mort à nous-mêmes ; nous ne vivrons de Dieu et en Lui qu'à la condition de nous plier, dans l'humilité et la foi, aux morts successives auxquelles Il nous invite, ordinairement par les événements qui traversent nos vies, parfois par un travail immédiat à l'intérieur de notre cœur.* Ainsi la mort fait son œuvre en nous, et la vie en vous *(2 Co 4,11). Pas de rayonnement apostolique véritable, de vie divine dans les autres, sans notre abnégation constante :* Nous portons partout et toujours en notre corps les souffrances de Jésus *(idem 4,10).* Si le grain de blé ne tombe en terre et ne meurt, il reste seul ; s'il meurt, il porte beaucoup de fruit. *(Jn 12,24).*

Ces deux idées sous-tendent sans cesse le livre qu'on m'a demandé de préfacer. C'est qu'elles ont tissé jusqu'ici la vie du Frère Ephraïm. Notre première rencontre a eu lieu à Aïn Karim, en Israël, au cours du mois de février 1976. D'emblée, j'avais été frappé de constater le relief que le Fr. Ephraïm voulait donner, dans sa jeune Communauté, à ces deux formes complémentaires et inséparables de prière que sont la liturgie et l'oraison. Il souhaitait la première recueillie, entrecoupée de longs silences, mais aussi vivante et ouverte aux manifestations d'attitude corporelle. La deuxième serait préparée ou directement nourrie par la lectio divina, *lecture méditée et priée de la Bible ; ou bien elle déboucherait directement dans un silence total et adorateur devant Dieu. Mais, en même temps, Ephraïm, conscient des richesses de ferveur et de profondeur de pensée théologique de l'Eglise protestante dont il venait, hanté, comme je l'étais moi-même et le suis demeuré, par le problème juif, voulait que sa Communauté fût, par la prière et l'accueil, au service de l'Unité, et d'une Unité qui dépasserait l'horizon chrétien. Ce qu'il ne percevait alors que vaguement, mais devait comprendre de plus en plus clairement par la suite, c'est que Dieu lui demanderait de payer l'amorce de tels résultats par des souffrances physiques et morales qui allaient le tenailler de plus en plus, pour ne jamais, jusqu'ici du moins, le quitter.*

La sentence : «Si quelqu'un veut venir à ma suite, qu'il se renie lui-même, qu'il se charge de sa croix et qu'il me suive» *(Mc 8,34) est probablement la sentence la plus fréquemment reprise dans les évangiles, en termes identiques ou très semblables. Il s'agit donc d'un enseignement auquel le Christ tenait très particulièrement et dont l'insistance, en même temps sans doute que la nouveauté, avait frappé les apôtres. Pour les païens, la souffrance était une calamité et l'humiliation une dégradation. Pour beaucoup de Juifs, et malgré la prophétie du Serviteur souffrant (Is 52,13-53,12), la prospérité et le succès étaient un test sûr de la faveur divine. Jésus contredit les préjugés des uns et les naïvetés des autres, mais ses formules doivent être pesées, pour qu'on en saisisse bien toute la valeur.*

«Si quelqu'un veut.» *Lorsqu'Il dit :* «Tu aimeras le Seigneur ton Dieu de tout ton cœur, et ton prochain comme toi-même» *(Mc 12,30-31), Jésus impose : c'est un ordre. Ici, Il propose seulement :* «Si quelqu'un veut». *Le renoncement est le résultat d'un engagement personnel et libre. On peut s'y dérober, mais il est évidemment plus pacifiant et plus élevant de répondre à l'appel du Christ :* «Je donne ma vie pour la reprendre», *a dit Jésus.* «On ne me l'ôte pas ; je la donne de moi-même. J'ai pouvoir de la donner et pouvoir de la reprendre.» *(Jn 10,17-18)*

«Qu'il se renie lui-même», aparnésasthô heauton. *Le verbe grec employé ici,* aparneisthai, *est celui qui reviendra sur la bouche du Christ, lorsqu'Il parlera des reniements de Pierre. Et c'est le même mot qui était apparu dans le sévère avertissement :* «Celui qui m'aura renié à la face des hommes sera renié à la face des anges de Dieu» *(Lc 12,9). Dans les deux cas, il s'agit d'un rejet absolu de quelqu'un, – Jésus –, qu'on a longuement connu et accepté et que, maintenant, l'on veut ignorer et rejeter. Une telle signification nous indique la profondeur du renoncement chrétien. Il ne s'agit pas seulement de renoncer à ce que l'on a, mais il faut aller jusqu'à renoncer à ce que l'on est, ce qui est beaucoup plus difficile. Il est exact pourtant qu'on s'entraîne à renoncer à ce qu'on est en renonçant d'abord à ce qu'on a.*

Encore faut-il éviter d'être téméraire et de prendre des engagements qu'on ne tiendra pas : «Plutôt ne pas faire de vœu, qu'en faire sans l'acccomplir» *(Qohélet 5,4). Dans la parabole des deux fils, Jésus a blâmé celui qui promettait d'aller à la vigne pour s'abstenir de s'y rendre ensuite (Mt 21,30-31). Thomas More, cet admirable martyr anglais, n'a jamais accepté de précipiter l'échéance de son martyre par les paroles imprudentes qu'on cherchait à obtenir de lui. Il ne voulait s'exposer à la mort que lorsque l'accomplissement de son devoir le réclamerait de lui ; alors seulement il aurait le droit d'espérer recevoir de Dieu une grâce de fidélité. L'évangile n'encourage pourtant pas à opter pour la voie la plus aisée, mais plutôt à accueillir, voire à rechercher avec prédilection, selon les paroles de saint Jean de la Croix, "non le plus facile, mais le plus difficile, non le plus savoureux mais le plus insipide, non ce qui plaît mais ce qui répugne, non ce qui console mais ce qui afflige, non ce qui repose mais ce qui coûte un effort, non le plus mais le moins, non le plus précieux et le plus élevé mais le plus bas et le plus dédaigné" [1]. C'est le "Ad augusta per angusta", réclamé par le*

1. "Les Mots d'Ordre", n° 190

Fr. Ephraïm au cours de ce volume : aller vers les réalités célestes par un chemin resserré.

«Ils étaient trois en croix», a remarqué saint Augustin ; «l'un auteur, un autre bénéficiaire du salut, un troisième qui accepte la damnation ; de tous trois le supplice est égal, mais le cas différent» [1]. *Le Christ met sa souffrance à la disposition du monde entier, et le bon larron unit ses souffrances à celles du Christ ; elles acquièrent ainsi une valeur rédemptrice ; le mauvais larron gaspille au contraire ses souffrances. Nous ignorons pourtant si, survivant peut-être au Christ, et bouleversé par les événements qui suivirent sa mort, il ne finit pas par se repentir. De toute manière, la croix n'apporte aucune récompense à celui qui se révolte contre elle ; seule est féconde la croix acceptée avec la patience et l'amour dont on est capable. Nul n'est admirable pour sa souffrance, mais pour la manière dont il la subit, pour l'accueil qu'il lui réserve et lui maintient ; celui qui s'aigrit dans la souffrance, celui qui maudit son épreuve et le Dieu qui la lui envoie, s'expose à devenir un réprouvé ; celui qui, malgré sa douleur, accepte dans la foi le plan de Dieu, s'oriente vers la sainteté. Il y a, dès lors, bien des souffrances stériles, sans effet pour la sanctification de celui qui les subit, inutiles pour le salut des âmes. Il y a même des souffrances qui, à cause des blasphèmes qu'elles provoquent, compromettent le sort d'une âme. Il dépend de l'homme d'exploiter les richesses de la souffrance ou, au contraire, de les perdre :* Tantum interest, non qualia, sed qualis quisque patiatur, *a encore écrit saint Augustin.* Ce qui est de la plus haute importance, ce n'est pas la nature des tourments, c'est la qualité de leur accueil par chacun. [2]

Tout comme l'aumône, la prière et le jeûne (Mt 6,1-6,16-18), l'épreuve n'a pas à être étalée, et c'est un point sur lequel les

---

1. Enarr. 2 in ps 34, §1 ; "CCL" 38, p. 312
2. "De Civitate Dei" I,8 ; "CCL" 47, p.8

Pères du Désert ont été particulièrement formels. Le chrétien, et surtout le moine, doivent cacher leur souffrance ; s'ils doivent en parler, ils l'amenuiseront, ils chercheront à la dédramatiser. Et une des formes de cette discrétion sera évidemment l'humour. Encore ici, rappelons l'exemple de saint Thomas More. Etendu de tout son long sur l'échafaud, il voulut, avant de mourir, dégager et étaler sa barbe, afin qu'elle ne fût pas coupée avec sa tête, «elle qui n'avait jamais commis de trahison».

«Dans son voyage ici-bas», a encore écrit saint Augustin, «notre vie ne peut pas échapper à l'épreuve... car notre progrès se réalise par notre épreuve ; personne ne se connaît soi-même sans avoir été éprouvé, ne peut être couronné sans avoir vaincu, ne peut vaincre sans avoir combattu» [1].

Il est bien vrai qu'un développement humain intégral, avec la joie de vivre, le goût des activités humaines qu'il implique, est normalement indispensable pour que nous atteignions un haut niveau de vie spirituelle. Pourtant, notre nature est blessée et, malgré un travail quotidien et progressif de la grâce, il nous reste toujours quelque trace de notre souillure première et les réveils du vieil homme ne sont rares chez personne : «Veillez et priez pour ne pas entrer en tentation : l'esprit est ardent, mais la chair est faible» *(Mt 26,41). Saint Paul disait que la mort du Christ* «fut une mort au péché, une fois pour toutes ; mais sa vie est une vie à Dieu. Et vous de même, regardez-vous comme morts au péché et vivants pour Dieu dans le Christ Jésus» *(Rm 6,10-11). Pourtant, il avouait le combat qui se livrait continuellement en lui :* «Je suis un être de chair, vendu au pouvoir du péché... Je ne fais pas ce que je veux, mais je fais ce que je hais... Je ne fais pas le bien que je veux et commets le mal que je ne veux pas» *(Rm 7,14-15.19). C'est le drame de la vie chrétienne. Nous sommes ressuscités ; nous ne vivons pourtant pour le Christ qu'à la condition d'incessantes morts à nous-mêmes.*

---

1. Enarr. in ps 60, §3 ; "CCL" 39, p.766

La solution chrétienne du problème du développement humain est donc complexe et nuancée. On nous demande l'amour des créatures, et un amour plein de jeunesse et de fraîcheur de coeur. Cependant, pour sauvegarder non seulement la pureté, mais même la vigueur et la constance de cet élan, Dieu nous invite à nous plier à des purifications successives, grâce auxquelles notre adhésion aux créatures deviendra chaque jour plus noble et plus profonde, Dieu nous rendant peu à peu, pour voir et aimer les créatures, les yeux et le coeur que la femme et l'homme possédaient avant la faute originelle. Il faut que le Père nous émonde pour que nous portions beaucoup de fruit (Jn 15,2-8). Il ne s'agit donc pas de détruire l'homme en nous ; ce serait détruire le chrétien. Mais il importe de mater l'orgueil, l'égoïsme, la sensualité qui se glissent dans notre éblouissement devant les créatures, et qui nous empêchent de les aimer d'un amour limpide et transparent.

Dans les souffrances analysées ici par le Fr. Ephraïm et le Dr. Mardon-Robinson, psychiatre, le départ entre la nature et la grâce est particulièrement difficile à déterminer ; dans l'angoisse, le désespoir et la folie notamment, y a-t-il psychose et infirmité nerveuse, ou travail intense de purification par Dieu ? Parfois les deux choses à la fois, mais, au moins dans quelques cas, il faudra bien se garder de conclure, sans preuves irréfragables, de la présence de la première chose à l'absence de la deuxième. Le Fr. Ephraïm cite cette belle parole de Marthe Robin : «Il faut que la terre soit déchirée pour être ensemencée». Cette considération très positive amènera peut-être bien des gens d'aujourd'hui à supporter avec plus de sérénité tant d'épreuves qui les assaillent. Outre celles qu'étudie le Fr. Ephraïm, je songe à deux souffrances très fréquentes, qui sont l'une et l'autre cruellement ressenties, mais peuvent devenir finalement, si elles sont accueillies dans l'amour, très fécondes : la déréliction, dont souffrent tant de vieillards et de personnes qui meurent dans une solitude totale ; la calomnie, qui a, de tout temps, fait tant de victimes.

Celle-ci porte une empreinte diabolique, vu «qu'il n'y a pas de vérité» *dans le démon ;* «quand il dit ses mensonges, il les tire de son propre fond, parce qu'il est menteur et père du mensonge» *(Jn 8,44). Les mauvaises langues sont partout redoutables, et ceux qu'elles atteignent ne peuvent pas toujours se défendre ou préfèrent s'en abstenir, par amour du Christ. Dans sa première venue, en effet, le Christ est venu moins supprimer la souffrance que nous apprendre à la porter, à la sanctifier, à la remplir de sa présence. Dans son deuxième avènement, il la bannira définitivement :* «de mort, il n'y en aura plus : de pleur, de cri et de peine, il n'y en aura plus, car l'ancien monde s'en sera allé» *(Ap 21,4). Il s'agit là d'une espérance qui* ne déçoit point *(Rm 5,5). Puisse notre patience aimante hâter un tel jour, et la Vierge Marie, si étroitement «associée à la passion de Jésus», nous aider à faire de chacune de nos douleurs, unies à celles du Christ, un chemin de salut pour beaucoup.*

Au début de cette Préface, j'ai dit mon amitié profonde pour le Fr. Ephraïm. En la terminant, je voudrais exprimer mon estime reconnaissante pour le Père Marie-Eugène, fondateur de l'Institut Notre-Dame de Vie, avec lequel le Dr. Mireille Mardon-Robinson a tissé des liens. Je l'ai connu avant la guerre, à Rome, et j'ai participé, à l'abbaye Saint-Jérôme, à plusieurs récollections, ainsi qu'à une retraite prêchées par lui. Au cours de celle-ci, je lui ai soumis ma manière de faire oraison, ainsi qu'un problème particulier d'orientation de vie. Chaque fois, il m'a répondu de manière fort claire, sans craindre de prendre position. Mais j'avais été frappé de remarquer qu'avant l'une et l'autre réponse, il avait pris un bref instant de silence et de recueillement, sans doute en vue de demander la lumière de Dieu. Ses deux réponses ont été très pacifiantes pour moi ; je vis encore de la première et Dieu, par les événements, a tranché dans le sens qu'indiquait la deuxième. Dans son enseignement, en vrai fils de saint Jean de la Croix, il unissait sans cesse renoncement et prière. Je lui confie, ainsi qu'à la Vierge Marie, à tous les martyrs et aux vrais mystiques, le fruit de ce volume, afin qu'il fortifie les âmes dans la sérénité et l'espérance.

Dom Louis Leloir,
de l'abbaye de Clervaux (Luxembourg)
le 25 Février 1988

I

LA VOCATION AU BONHEUR

L'universalité de la vie mystique

Dans le langage courant, la vie mystique est synonyme de mysticisme, d'obscurantisme, de phénomènes extraordinaires aussi effrayants qu'inutiles. Pourtant tous les grands mystiques sont des femmes et des hommes d'action, d'infatigables lutteurs pour la promotion de la dignité humaine et de la justice, pour l'anticipation du Royaume des cieux. Une Thérèse Neuman, clouée dans son lit, dirigeait un noyau de résistants au régime nazi. Marthe Robin réduite à une impuissance physique encore plus grande que la stigmatisée de Konnersreuth fondait des communautés où des milliers se sont convertis dans le monde entier. Sans parler de l'inlassable réformatrice du Carmel ou de l'active charité du Pauvre d'Assise qui trouvait toujours plus pauvre que lui.

On préfère parler de spiritualité, bien que la vie de l'esprit humain ne soit pas réservée aux religions. Les philosophes athées mènent eux aussi une vie spirituelle, ont des pères spirituels. Sans parler des spirites ou des animistes. De même l'héritage spirituel d'une civilisation dépasse amplement les limites de son patrimoine religieux. Il conviendrait, d'emblée, de redéfinir la vie mystique comme participation à la vie divine. Cette participation pourra être active ou passive, il va de soi qu'elle sera essentiellement passive puisque qu'elle est le fruit de la grâce. La sève qui coule dans les sarments est produite par le cep comme le sang qui vivifie les membres provient du coeur. Si Marthe Robin n'a eu d'autre nourriture que l'Eucharistie pendant cinquante ans, c'est pour nous rappeler que le corps du Christ est une véritable nourriture et que chaque fidèle vit mystérieusement de ce don. Chaque fidèle est donc un mystique qui s'ignore. Ce que Dieu fait dans la vie des grands saints le concerne dans sa propre chair, dans son propre esprit, dans le tabernacle de son âme. Tous les sacrements opèrent ainsi un échange semblable à celui qui se produit dans la respiration du corps entre l'oxygène et le sang. Nous sommes passivement, mystérieusement régénérés, que nous ayons horreur du mystère ou qu'il nous fascine.

Ce que les grands saints expérimentent d'extraordinaire est le fruit gratuit du bon plaisir de Dieu, gratuit mais non fortuit, car chaque baptisé aura un jour ou l'autre à vivre, à son échelle, à son rythme, à la place que le Seigneur lui a donnée dans l'Eglise, chaque baptisé aura à goûter un peu de ces dons surnaturels, dons lumineux ou dons nocturnes. N'oublions pas que Dieu, pour guider son peuple dans la traversée du désert, demeurait à la fois dans une colonne de feu et dans une colonne de nuée. Présence et absence tout ensemble, présence qui cache ce que nous ne pourrions voir et absence qui révèle la proximité bienveillante du Très-Haut, feu et eau cohabitant. Les deux éléments antagonistes ne se font pas la guerre en Dieu mais s'épousent dans l'union des contraires : symbole de l'union des deux natures, divine et humaine, pour le salut de l'homme.

Jésus, dans sa Transfiguration, apparaît comme une colonne de feu et de lumière que le Père, bientôt, cache aux yeux des disciples en enveloppant son Fils d'une nuée, d'un nuage. Quelle image merveilleuse des deux natures ! Déjà dans la première alliance, la double nuée était l'image la plus parfaite, la représentation la plus acceptable d'un Dieu Esprit et Vérité, Souffle, mouvance insaisissable et ardeur intense jusqu'au tourment : *Dieu vous parla du milieu du feu, dans la nuée et les ténèbres, d'une voix forte* (Dt 5,22). Cette puissance inouïe que l'on pourrait comparer au feu qui se trouve au centre de la terre, pour se manifester, se cache dans son contraire – c'est-à-dire l'eau des nuages, de la nuée – pour approcher d'une manière intime sa créature et la transformer par ce même feu dissimulé dans la nuée et la ténèbre. La question : connais-tu le chemin des nuages ? pourrait être exprimée également par : connais-tu les chemins de la nuit, connais-tu le bienfait de l'envahissement des ténèbres ? Quand Dieu dit à sainte Catherine de Sienne : «Je suis Celui qui est, tu es celle qui n'est pas», Il n'entend pas l'écraser, mais Il sous-entend cette folie d'amour qui le pousse à unir ce qui est absolument contraire. Ce qui, bien sûr, n'est pas confortable pour l'homme qui s'écrie avec le docteur des nuits : «Non, ne te cache plus, achève, déchire le voile de cette douce rencontre».

Cette souffrance est grande, certes, mais elle n'est rien comparée à la souffrance de Dieu. Dieu descend dans les ténèbres. La tradition juive dénombre neuf de ces descentes comme il est écrit : *«Le cri contre Sodome et Gomorrhe est grand, je vais donc descendre et voir»* (Gn 18,21). Dieu descend donc dans le péché qu'il consumera par son feu. Une dixième descente est annoncée : *«...Ajoutée à toutes celles-là, il y en aura une, annoncée par la littérature prophétique, dans les temps à venir, car il est dit : Car voici que Adonaï sort de son lieu, il descend sur les hauteurs de la terre»* (Mi 1,3) [1].

Cette descente, c'est bien sûr l'Incarnation du Verbe qui resplendit sur la montagne de la Transfiguration. Elle est permanente car le Verbe s'est fait chair et il a dressé sa tente parmi nous, au milieu de nous, dans notre centre comme au coeur de l'Eglise. Le Talmud dans le traité Sukka affirme que la fête des Tentes commémore l'habitation de Dieu au milieu des hommes et que chaque tente représente la nuée.

---

1. Avoth de Rabbi Nathan-B.

Ténèbres et nuées l'entourent

Comme nous venons de le voir, l'incarnation prophétisée dans "le chemin de la nuée" pourrait se résumer en une plongée du feu dans l'eau. Cette opération est-elle possible dans le commun des mortels ? Peut-on voir Dieu et continuer à vivre ? La réponse est évidemment non. Seulement, Dieu a changé l'ordre des choses dans une intervention amoureuse, il a renouvelé les lois de la création puisqu'une Vierge met au monde un enfant, puisque de la mort sort la vie. La nuit de Noël est une manifestation de lumière d'une manière cachée comme le matin de Pâques ; dans les deux cas c'est dans une grotte que Dieu se cache. Dans "les profondes cavernes du sens", comme le dit saint Jean de la Croix, dans le lieu de l'humanité souffrante sujette à la corruption et à la mort et qui attend sa rédemption.

Il y a deux big-bang ou plutôt le second prolonge le premier, deux explosions aussi merveilleuses, aussi improbables et absolument miraculeuses que celle qui a donné la vie au coeur de la nuit des temps. Ces épousailles de feu et d'eau se sont produites dans la Vierge, certes, dans une nuit obscure, angoissée et enflammée d'amour mais sans violence parce qu'elle était préparée par sa conception immaculée. Nous le verrons, nos refus de recevoir et de donner l'amour remontent parfois au moment de la conception, à la gestation, à la naissance, aux toutes premières années de la vie. L'importance du privilège de la Vierge est spirituel, bien sûr, mais il est pour l'accueil de Dieu essentiellement psychologique. Nous reparlerons dans notre dernier chapitre de l'aide que Marie, à cause de ce privilège, peut apporter à ceux qui sont dans la "nuit-excès de lumière".

Le fameux fiat de Myriam, celle dont le nom signifie océan de myrrhe, son oui, son *hinéni* ; en hébreu : me voici, est un abandon inouï à la volonté de Dieu : *«Qu'il me soit fait selon ta parole».* L'eau se livre au feu sans crainte de se "faire évaporer", de partir en une buée et de se perdre complètement. Une irruption de lave peut faire brûler la mer.

La vive flamme d'amour :
Posséder l'objet de son désir

Saint Jean de la Croix était tout amour et très tendre. Il ne faut pas le voir comme un inconditionnel de la nuit. S'il aime la croix c'est parce que son amour fou du crucifié la lui fait aimer, en lui montrant que pour ses amis, elle est infiniment douce et suave.

Le sublime n'est pas l'inaccessible. Les promesses, faites par le Christ à ses disciples de venir habiter avec le Père et l'Esprit dans leur coeur, ne sont pas réservées à certains dans l'Eglise. Elles sont pour tous, pourvu que nous acceptions. Aussi le sommet de la vie mystique peut être accordé à des pauvres, est forcément accordé à des pauvres selon la promesse du Sermon sur la montagne : *«Heureux les pauvres dans l'Esprit, le Royaume des cieux leur appartient».* C'est-à-dire heureux les dépouillés par l'Esprit, ils seront assis à la table du roi, comme une épousée, selon les paroles du Cantique : *«Le roi m'a introduite dans sa chambre».* Heureux les appauvris, heureux ceux qui se seront reconnus pauvres, ils participeront au banquet des noces, mangeant les biens exquis et goûtant la saveur des dons spirituels. Tout homme est marqué par ce mystère nuptial, inscrit en lui dès les origines. Dieu nous le redit : «je veux vous épouser».

Il est curieux de noter que, même aujourd'hui, dans bien des couvents, parler de la nuptialité soulève des interrogations, provoque des étonnements. Comme s'il fallait nous résigner à vivre dans la distance qui nous sépare de l'Aimé, comme si la tiédeur présente était la loi du Royaume, comme si nous devions vivre à côté de Jésus, ne le voyant que de biais ou ne le voyant pas du tout, alors que nous sommes appelés à la vision face à face, à entrer dans l'incessant mouvement d'amour qui circule au coeur de la Trinité. Nous devrions être familiers avec le sens ultime de notre destinée qui est d'épouser Dieu non pas dans une fusion mais dans un respect des personnes, exigé par la nature même de l'amour. Pour prendre une comparaison carmélitaine, imaginons que notre nature soit le fer et que Dieu soit le feu : notre âme plongée en Dieu, unie à Dieu dans le mariage spirituel sera semblable au fer plongé dans le feu. On ne sait plus où est le fer ni où est le feu car sous nos yeux les épousailles sont parfaites; on ne distingue plus l'un de l'autre. Ce qui n'entraîne pas une fusion mais une transformation. Voilà résumé brièvement le sens de notre vie : accepter la volonté de Dieu qui veut peu à peu nous plonger en Lui, ce qui implique un purgatoire à cause de toutes les impuretés contenues dans le fer. Le sens de notre mort : parachever cette immersion, cette purification dans le purgatoire. Le sens de notre éternité : ne plus vivre que dans ce bonheur parfait, jouir de la présence et de l'amour de l'être aimé. Notre vie est une passion d'amour, au soir de la vie nous sommes jugés sur l'amour, la vie future est une éternité d'amour. Amour, amour, amour.

On ne peut comprendre la croix, les terribles épreuves dont nous allons parler, le sens de la souffrance, sans cette clef unique et trine qui ouvre au mystère de la vie, redisons-le, de toute vie.

Il est remarquable que saint Jean de la Croix n'écrira pas "La Vive Flamme" qui décrit le sommet de l'union mystique, du mariage spirituel, pour la grande Thérèse ou pour saint Pierre d'Alcantara, mais pour une jeune femme à peine introduite dans les voies mystiques. Si Thérèse et Jean communiaient au même amour divin, sur le plan humain, le petit Sénèque, comme l'appelait la Madre, souffrit beaucoup de ce que cet amour divin n'embrase pas aussi leurs relations humaines. La rencontre avec Doña Anna de Pegnalosa relève davantage de cet amour de prédilection, cet amour johannique. Le prologue de “La Vive Flamme” est révélateur, nous ressentons que Jean de la Croix s’est laissé fléchir en acceptant, “pour les beaux yeux” qui sont des fenêtres sur l’âme de Doña Anna, de révéler son expérience du mariage mystique. C’est à notre avis la première oeuvre du saint docteur qu’il faudrait lire et faire lire avant de parler des nuits.

Que lui dit-il de ces hauteurs «...j’ai différé d’en parler jusqu’à ce jour où le Seigneur, ce me semble, m’en a donné quelque connaissance et étincelle. Il l’a fait sans doute pour répondre à votre pieux désir. Comme ces strophes ont été composées pour votre dévotion, Sa Majesté veut peut-être aussi qu’elles soient commentées pour vous. Cette pensée m’encourage, car je sais très bien que, de moi-même, je ne puis rien dire de bon en quoi que ce soit et surtout dans des questions si élevées et si substantielles.»

Ce «pour vous» est touchant et nous montre que les choses les plus hautes sont accessibles à tous, pourvu que nous soyons comme des petits enfants. Les choses cachées, pour qui le sont-elles ? Jésus nous fournit la réponse : *«Je te bénis, Père, d’avoir caché ces choses aux sages et aux intelligents et de les avoir révélées aux tout-petits»*.

Ô vive flamme d’amour
Qui blesse avec tendresse
Mon âme dans son centre le plus profond
Ô je t’en prie ne te cache plus
Achève, déchire, le voile de cette douce rencontre
Si tel est ton vouloir.

Ô brûlure suave, ô plaie délicieuse
Ô douce main, ô attouchement délicat
Saveur de vie éternelle qui s’acquitte toute dette
En donnant la mort tu changes la mort en vie.

Ô flambeaux de feu dont les splendeurs éclairent
Les profondes cavernes du sens, jadis obscures et aveugles
Avec d'indicibles faveurs donnent chaleur et lumière.

Avec quelle douceur et quel amour
Tu te réveilles en mon sein
Où tu demeures seul en secret.
En ton savoureux respir empli de gloire et de biens
Ô si délicatement tu éveilles en moi l'Amour.

Saint Jean de la Croix

II

LA NECESSAIRE DOULEUR DE L'AMOUR

Il enlève aux profondeurs leurs ténèbres,
amène à la lumière l'ombre obscure.

Job 12,22

***Est-ce bien pour Toi de me faire violence, d'avilir l'oeuvre de tes mains ?* (Job 10,3)**

Nous nous référerons presque constamment à l'expérience de Job, l'homme juste qui, soudain, semble devenu le souffre-douleur de Dieu, il est le type de tout itinéraire humain. Si Job n'est pas juif, c'est justement pour signifier qu'il personnifie la condition humaine tout entière et pas seulement un peuple choisi. Il faut noter que sa référence ultime est en Dieu, il n'est pas athée même si, à l'instar des grands mystiques, il fait l'expérience de l'athéisme, de cette privation de Dieu qui conduit au désespoir : «Maudis Dieu et meurs !» lui suggère sa femme.

L'histoire de Job est finalement très simple et pourrait se résumer en quelques lignes: un homme juste, comblé par la vie, riche de biens matériels et spirituels. Dans le ciel, Satan accuse le juste de n'entretenir de bonnes relations avec Dieu que parce qu'il est comblé. C'est l'irruption du sordide dans l'amour, le soupçon d'intérêt. Dieu prive alors Job progressivement de ses biens matériels et humains, puis il s'en prend à sa personne physique et morale. Tout au long de cette épreuve, Job ne reniera pas Dieu, prouvant ainsi que son amour est désintéressé. L'amour est gratuit ou il n'est pas divin, et s'il n'est pas divin, il n'est pas du tout. Alors Dieu rend à Job enfants, biens matériels et spirituels.

La grande question qui vient à l'esprit est la suivante : Job a tout perdu, pourquoi n'a-t-il pas été rétabli dans ses biens ? Rien ne pourra remplacer ses premiers enfants, ce sont d'autres enfants, un autre troupeau, d'autres serviteurs qui lui sont donnés...

La grande réponse qui convient à cette grande question est extrêmement simple : c'est parce que Job est un autre Job. L'épreuve l'a complètement transformé. Il ne faut pas trop coller à la réalité historique du récit mais à son sens profond. Nous pourrions dire que sa famille, ses biens, etc. ne lui ont pas été enlevés par Dieu mais qu'il a été rendu incapable d'en jouir. Aussi, lui-même étant complètement transformé, il pose un regard nouveau sur le monde, sur les êtres et sur Dieu, il ne retrouve pas ce qu'il a perdu, il découvre toute chose comme nouvelle. Sans cette transformation profonde et bienheureuse, l'histoire de Job aurait ressemblé à un mythe grec où l'homme n'est qu'un jouet dans l'histoire des dieux et de leurs passions. A la fin de la partie on lui aurait rendu ses billes ! Non, l'histoire de Job est au coeur de l'histoire d'amour entre Dieu et les hommes.

Mais Dieu a-t-il le droit, comme le gémit Job, d'avilir l'oeuvre de ses mains, Dieu peut-il contraindre l'homme à lui avouer son amour ?

Autre grande question : pourquoi le mal ? Dieu ne veut pas faire de mal à Job, bien au contraire, et le Satan qui se présente pour accuser l'homme devant Dieu tente de remettre en cause la relation d'amour qui fait que le monde existe. Pourquoi la vie ? Qu'est-ce qui justifie l'existence de Job ? *Que se voile l'aube du jour qui me vit naître, qu'elle attende en vain la lumière, et ne voie point s'ouvrir les paupières de l'aurore ! Car elle n'a pas fermé sur moi la porte du ventre, pour cacher à mes yeux la souffrance* (3,9-10)

Dès le début de l'épreuve, Job maudit le jour de sa naissance, il aurait préféré une mort qui, en fait, n'existe pas, mais sa plainte va révéler deux choses importantes : premièrement, qu'il est malade : *Or ce que refuse mon appétit, c'est là ma nourriture de malade.* – quel raccourci saisissant des voies purgatives – et deuxièmement, qu'il est d'accord au fond de lui-même, malgré ses plaintes et ses gémissements, avec les ravages de la sagesse divine dans son paysage intérieur. Les amis de Job ne saisiront jamais qu'ils n'ont pas à lui faire la leçon justement parce que Job, pour rien au monde, n'accepterait d'échapper à la main du Dieu vivant qui, tel le maître potier de Jérémie, l'a remis sur le tour, le pétrit de ses mains divines, expertes mais fermes et l'entraîne dans un vertige, dans un vide qui se creuse en son centre pour l'élever et lui redonner forme et beauté.

Ce second point, nous le trouvons chez tous ceux qui passent par les nuits, ils sont éprouvés à un degré qui paraît insoutenable à l'observateur extérieur ou au père spirituel, et si on leur propose de prier pour sortir de cette épreuve, ils en sont totalement incapables, ils refusent car si c'est une chose terrible que de tomber dans les mains du Dieu vivant, c'est surtout un grand bonheur.

Les remèdes les plus efficaces sont amers, la correction est bénéfique pour l'enfant et bien qu'il ne l'aime pas, il saura vous faire comprendre qu'on la lui doit. Bien plus, je ne connais pas de cas de nuit spirituelle qui ne suive un acte d'offrande explicite. Soit dans les paroles consécratoires de la profession religieuse, soit par un texte écrit comme l'offrande à l'amour miséricordieux de la petite Thérèse. Il est trois demandes que le Père exauce toujours : la sagesse, l'effusion de l'Esprit et partager sa souffrance. Les deux premières demandes sont bibliques. Demander la sagesse c'est demander d'entrer dans la pensée amoureuse de Dieu et donc d'entrer dans sa folie, dans son oblation. Or comme le montre le livre de Job, la sagesse de Dieu se manifeste dans l'âme humaine par ses ravages. Demander l'Esprit c'est demander de réintégrer la relation d'amour filiale et de communier d'une manière ultime à l'intimité du

Père et du Fils. S'offrir à Dieu rejoint ces deux pôles et son exaucement nous inclut dans le plan de rédemption, de salut et de restauration de la relation amoureuse entre Dieu et ses enfants. Il nous faut bien admettre que Dieu est bien seul, seul à Gethsémané et seul au Thabor malgré la proximité de ses disciples les plus proches et dès qu'il se trouve un être pour l'inviter, pour accepter de partager et sa folie et son amour, Dieu se précipite en lui avec la Croix et la Gloire.

Dieu est avide de nous rendre heureux

Nous pourrions dire que Dieu est avide de nous rétablir dans la béatitude du jardin d'Eden, mais théologiquement ce n'est pas juste. Dieu veut plus ! Non seulement il ne nous condamne pas pour avoir rompu l'alliance avec lui mais il se sert de cette faute pour nous offrir un bonheur plus grand. Bienheureuse faute d'Adam qui nous valut un tel rédempteur ! Le judéo-christianisme est une religion du bonheur. Elle ne regarde pas en arrière mais elle regarde vers le futur dans une tension qui crée une dynamique du bonheur. Bien sûr, nous devons organiser l'histoire, forts de cette certitude de la béatitude promise et anticiper le Royaume qui comble de joie ceux qui souffrent d'une manière ou d'une autre, mais nous ne devons jamais oublier que la vie présente n'est que l'antichambre de l'autre. Elle est passionnante et passionnée par la réalité du monde à venir.

Nous allons essayer de dégager un certain nombre de postulats d'une façon claire et pratique.

***Les souffrances du monde présent ne sont rien, comparées à la gloire du monde à venir* (2 Co 4,17)**

Chez beaucoup, le désir du Ciel, leur soif que soit comblé leur désir de voir Dieu, de l'aimer davantage se trouve réalisé dans la souffrance nocturne. Aussi celle-ci prend-elle une toute autre valeur, elle est en mineur alors que la joie qui l'accompagne est en majeur. La souffrance est relativisée par la foi, l'espérance et l'amour, ces trois vertus qui rendent présent ce qui n'est pas encore. La Gloire, c'est-à-dire cette bienheureuse lumière dans laquelle nous vivrons, c'est elle déjà qui travaille en nous, causant tant de souffrances parce que les ténèbres ne peuvent la recevoir.

Savoir pourquoi on souffre n'est déjà plus souffrir

Ce postulat est important dans l'ordre psychologique. Une véritable souffrance, celle que Dieu ne permet pas pour ses enfants, repose sur la peur et l'ignorance, elle est totalement détachée de sa cause et comme telle, elle ne peut pas être offerte. Que signifie offrir une souffrance ? C'est la faire entrer dans un mouvement d'amour, c'est l'inclure dans un mystère qui nous dépasse et qui est de l'ordre de la rédemption, capable dans ce retournement de faire servir le mal au bien, la souffrance à la joie.

La fréquentation des hôpitaux, des malades, des personnes âgées face à la souffrance nous offre l'exemple des deux types d'attitudes. Souffrir comme une bête ou souffrir comme le Christ. Vieillards aigris par la souffrance, souffrant et faisant souffrir l'entourage ou vieillards adoucis par une souffrance acceptée et offerte, rayonnant d'un patient amour qui semble infini. Il nous faut reconnaître, même si nous avons du mal à l'admettre avec notre intelligence, que la souffrance possède un pouvoir de sanctification, non pas la souffrance qui, comme telle, reste un mal, mais la souffrance unie à l'offrande.

Une souffrance paisible n'est plus une souffrance

Cette parole est celle d'un saint : le Curé d'Ars. Ce "monstre" de souffrance nous sourit jusque dans la mort avec ce petit air de se moquer toujours et du démon et de tout ce qui effraie et paraît insupportable. Il semble dire avec la Madre Teresa : tout passe et tout s'est bien passé pour moi, tout peut se bien passer pour vous si vous ne dramatisez pas. La souffrance chez lui est l'école du sourire. Son coeur est en Dieu comme il dit ailleurs : le coeur d'un saint est comme un rocher au milieu de la mer. Curieusement, cette même phrase, je l'ai entendue prononcer par une jeune schizophrène chrétienne dans son délire. Dans le vol des pensées, dans cette destructuration de tout un monde extérieur et intérieur, on sentait clairement qu'un îlot, celui de la vraie personnalité, était inaltérable, inattaquable. La paix avec Dieu réside dans les profondeurs de l'être, plus profondes que la demeure des sens qui, elle, est déjà pacifiée au cours de la première nuit.

Dans la nuit de l'esprit, après une première phase de totale désorientation où Dieu prend des risques, très vite, la souffrance est comme absorbée tel un brouillard matinal par l'ardeur du soleil. De l'extérieur, les souffrances permises par Dieu semblent absolument insupportables, on s'étonne que tel saint n'ait pas perdu la raison, de douleur, que tel autre qui n'était pas un modèle de résistance nerveuse ait pu endurer pendant une cinquantaine d'années les pires tortures.

Croyons le curé d'Ars plutôt que nos propres pensées, ne nous laissons pas scandaliser trop vite, ni décourager : une souffrance paisible n'est plus une souffrance ! Alors, qu'importent la durée et la profondeur de la douleur ? Comme le disait le pauvre d'Assise, si pauvre que sa souffrance semblait ne plus lui appartenir, alors qu'on lui avait appliqué des fers rouges sur les tempes : "Quelqu'un souffre". La souffrance offerte devient le support, le vecteur d'une perception si sublime. Voilà pourquoi la souffrance est nécessaire, indispensable.

J'étais gaie comme un pinson !

Cette petite phrase de Thérèse de l'Enfant-Jésus est le plus beau chant qui se puisse chanter au cours de la nuit, la plus belle flamme d'amour qui monte du milieu de l'enfer sur terre ou du purgatoire et qui fait mentir ce lieu commun qui veut que les chants les plus désespérés soient les plus beaux. Plus profond que la douleur, au-delà de celui qui, en moi, souffre, chante le bonheur d'appartenir à Dieu, d'être entre ses mains et de subir, avec lui, la seule passion qui vaille la peine d'être vécue. Nous rejoignons ici une prière de Lanza del Vasto que j'ai eu beaucoup de mal à admettre avec toute une génération allergique à la souffrance : L'amour c'est la joie de souffrir. Thérèse le dira plus crûment : Jésus, ma joie c'est de souffrir. Il faut bien reconnaître que notre pensée s'est considérablement affaiblie par le soupçon qu'elle porte en elle comme un vaccin contre la vérité, contre la vraie sagesse. Partout et en nous-même, nous soupçonnons les déviations possibles comme le masochisme, le refoulement, la sublimation, la culpabilisation et l'auto-punition. En un mot qui est de saint Paul : nous sommes devenus ennemis dc la croix.

J'ai passé quelque temps avec un ermite que venaient visiter les gens “du monde”. Son visage rayonnant et infiniment ouvert, son port de tête noble, sa démarche libre contrastaient d'une manière presque caricaturale avec l'accablement de ses visiteurs, leur dos rond paraissait ployer sous le poids d'un fardeau insensé. Les gens qui restent dans le monde bercent l'illusion qu'en s'informant sans cesse de ce qui s'y passe, ils le portent ! Qui est le plus libre : celui qui a renoncé à toute liberté ou celui qui chérit une liberté qui l'aliène ? Qui souffre vraiment : celui qui s'est chargé de sa croix ou celui qui la refuse et se porte lui-même à bout de bras ?

Les rides sur le visage de l'ermite témoignent de ses heures de lutte avec l'ange, de cette attente de l'heure de l'ange, de ces années où il avait attendu, comme il me l'a dit, dans le jeûne et la prière que l'époux enfin le saisisse. Mais dans ces sillons creusés dans la chair semble couler une douce lumière ; Marthe Robin disait : «Il faut que la terre soit déchirée pour pouvoir être fécondée». Elles sont bien sombres les rides des mondains !

Notre rejet de la souffrance est tel que nous ne nous apercevons pas qu'elle constitue comme un ingrédient de la vraie joie. Comme dans un subtil mélange des couleurs. L'amour, le sentiment amoureux n'est-il pas ressenti comme une douleur du coeur, une bienheureuse et suave douleur ? Mais ceux qui ont épuisé les sensations que procure la chair comme on épuise une mine d'or, que peuvent-ils connaître des subtiles nuances de la vie, des variations de la lumière entre le clair et l'obscur ? Cette part d'ombre qu'est la souffrance donne contraste et relief aux choses de cette vie. La souffrance, plus précisément, met en relief la dimension spirituelle de tout ce que nous percevons et fait briller la lumière naturelle d'un éclat surnaturel.

Nous voudrions des naissances sans souffrances, des vies aseptisées et des morts douces. Quelle folie, quelle perte du sens ! Les fous ne sont pas les saints amoureux de la croix mais ces vrais amateurs de néant qui fuient la souffrance. Au contraire du bouddhisme, le christianisme ne nie pas la souffrance, il la recherche, il la débusque dans les plus pauvres et jusqu'aux quatre coins du monde et la saisit à bras le corps pour la transfigurer par la puissance de l'amour.

La peur de souffrir semble légitime, elle cache pourtant une peur de Dieu. L'amour parfait non seulement bannit la crainte mais cherche des occasions de souffrir par amour de l'Amour dans un lumineux dépassement que donne le don de sagesse.

III

LES SPASMES DE L'AME
OU
L'ELOGE DE L'ANGOISSE

«Se livrer à l'amour, c'est se livrer à toutes les angoisses.»

Sainte Thérèse de l'Enfant-Jésus et de la Sainte Face

Ad augusta per angusta

A la sérénité par l'angoisse. Est-ce bien un chemin obligé ? Oui, dans la mesure où l'expérience de l'angoisse est universelle parce qu'il est étroit et escarpé le chemin qui conduit à la vie. Est-ce à dire que la vie se mérite, qu'il faille entreprendre une longue et douloureuse conquête et remporter une victoire de haute lutte ? Non ! Pas plus que la première naissance en ce monde, la seconde ne se mérite : elle est don. Pourtant comme la première naissance s'opère par le rétrécissement utérin, dans de douloureuses contractions, comme la première respiration s'exprime dans un cri et des larmes, de même la seconde naissance passe par un spasme de l'être souvent long et douloureux et par une brûlure de l'Esprit que vient couronner parfois une rosée sanglante.

D'autres l'ont dit avant moi. Les spirituels de tous les temps l'ont enseigné à leurs contemporains sous des noms divers. Chaque génération chrétienne l'a exprimé dans son propre langage. La nôtre est celle des nieurs d'évidences, voilà pourquoi bien que peu qualifié pour le faire, je me laisse saisir par cette motion de l'Esprit qui me pousse à parler. Il fut un temps où les sages-femmes étaient vraiment sages et où les anciens pratiquaient la "maïeutique du Royaume", où l'on apprenait à concevoir et à mettre au monde. Aujourd'hui on nous dit que la différence entre l'homme et la femme est une erreur historique, que les deux ne sont pas égaux et encore moins complémentaires puisqu'ils sont la même chose, parfaitement interchangeables. Comment ce siècle pourrait-il nous enseigner des différences subtiles que l'on trouve dans les âmes, lesquelles obéissent à des lois spirituelles que les modes n'altèrent pas mais qui peuvent évoluer dans le temps et dans l'histoire selon le bon plaisir de Dieu et l'empressement de son grand amour ?

Sont-ils encore nombreux les pères spirituels qui n'ont point cédé à la pression scientiste et matérialisante ? Les mages adorateurs des astres ont appris d'une étoile à adorer le seul adorable. La science se rend bien un jour à l'évidence de l'unique connaissance. Alors, pourquoi ce vide mystique dans l'édition moderne ? Devant certains cas de direction spirituelle, j'ai dû recourir à de vieux livres poussiéreux, à d'anciens manuels – comme le fameux Tanqueray – à l'usage des séminaires. J'ai dû sonner à la porte d'un Carmel pour me procurer la somme indispensable du Père Marie-Eugène : “Je veux voir Dieu”. Or les rayons des libraires religieux croulent sous le poids des traités d'ésotérisme, de religions orientales et d'obscurantisme de tous ordres comprenant des guides de désincarnation ou de réincarnation.

Oh l'humble science qui sait entrer dans la folle sagesse du Créateur pour faire monter sa louange et qui a reconnu qu'au commencement il n'y a que la lumière et que la lumière est la vie des hommes. Heureux ceux qui rendent grâce pour l'intelligence qui est en eux et pour leur soif de sonder l'infini des cieux.

Oh sagesse folle des théologiens qui sondent la ténèbre et la nomment lumière car la nuit comme le jour illumine. Oh sagesse pauvre qui sonde l'ombre du coeur de l'homme et découvre qu'aucun n'est totalement privé d'étoiles.

Nous étions même en panne de saints ! Certains présentant des troubles, même passagers, qui ne cadraient pas avec cette nouvelle idée que l'on se faisait de la sainteté. Le saint : un super monsieur "tout le monde". Qu'un obscur médecin de campagne vînt à coucher sur ordonnance le diagnostic très à la mode d'hystérie et l'héroïcité des vertus ne pesait plus rien dans la balance. Visions et hallucinations, extase et dissociation, grâce d'oraison et confusion mentale, communications spirituelles et délire; les premiers appartenant à un vocabulaire élitiste et suranné, les seconds bénéficiant du label scientifique.

A la fin des années soixante-dix, le renouveau charismatique et la voix prophétique de Maurice Clavel nous rappelèrent que saint Paul sur le chemin de Damas n'était pas tombé du divan d'un psychanalyste mais que l'Esprit Saint était la personne sauvage de la Trinité.

Il est des millions de saints, l'Eglise n'en canonise qu'un petit nombre pour les proposer comme modèles aux fidèles. Or, les saints sont aussi sauvages que l'Esprit qui les anime ; certains comme Philippe Néri sont carrément excentriques ou adoptent parfois des comportements étranges. Tel le saint d'Ombrie ordonnant à un frère de prêcher à demi-nu dans la cathédrale, mais tandis que tous riaient et se moquaient, François pleura sur Adam chassé nu du Paradis et sur la nudité du Christ en croix. La sagesse de Dieu est en effet folie pour le monde et les saints sont témoins de cette folie. Folie surnaturelle, qui dans le cas d'un grand nombre de saints, prit la forme de ce que nous nommons folie, pendant une période plus ou moins longue de leur vie.

Nous nous pencherons sur ces états un peu plus tard, pour l'instant constatons simplement qu'ils existent. Voilà qui est inacceptable pour une Eglise qui doit rendre compte de sa foi et de son sérieux devant la face d'un monde scientifique et athée. Trouver des saints crédibles, acceptables pour le monde ? François parle aux poissons : gros rire ! Légende dorée !

Pourtant monsieur Konrad Lorenz à quatre pattes communique avec tout ce qui vit et respire, mais d'une manière scientifique. En dehors des grands cas, cherchons "des saints de l'humble classe de ceux qui n'ont pas eu d'extase", je cite en fait un chant contemporain à l'usage des paroisses pour le jour de la Toussaint. Cherchons une petite bourgeoise, un petit jociste bien imitable à proposer aux fidèles. Cherchons et nous trouvons une sainte aux nerfs fragiles dont l'expérience intérieure de toute évidence rejoint les états mystiques les plus élevés. Cherchons et nous trouvons un jeune homme qui, vivant, traverse l'enfer des camps de la mort.

Les saints sont ce qu'ils sont, ce que Dieu en a fait. N'essayons pas d'en faire des êtres irréels, impeccables, infaillibles. Tous les saints ont des défauts et les grands saints souvent de gros défauts. Curieusement lorsqu'il s'agit de fondateurs, on retrouve leurs défauts et leurs faiblesses transmis de génération en génération à leur congrégation. Les rendre accessibles, c'est déjà accepter leurs défauts, accepter que Dieu aime des créatures défectueuses. Les rendre accessibles, c'est admettre qu'ils ont souffert dans leurs nerfs à cause de leur péché, incapables qu'ils étaient de soutenir la sainteté de Dieu. C'est admettre qu'ils ont souffert d'angoisses comme la très grande majorité de nos contemporains.

Quand j'ai commencé mes études de théologie, j'ai dû fournir le certificat de bonne santé mentale exigé par le règlement en vigueur à l'époque. Je fis, pour la première fois de ma vie, la connaissance d'un psychiatre qui refusa de m'"ausculter". Il ausculta plutôt la religion qui me demandait un tel passeport pour le ministère. Il établit néanmoins un certificat de normalité en m'affirmant que personne n'était normal, que la normalité que la religion cherchait pour se rassurer elle-même était effrayante et pouvait cacher les pires aberrations.

La plupart des nazis étaient des personnes de taille normale, d'âge moyen, d'intelligence normale, menant une vie familiale normale etc. Je trouvai que les psychiatres étaient des personnages bien curieux ; pour tout dire je ne trouvai pas très normal celui qui m'établit mon certificat de normalité...

Plus tard, je constatai que malgré bien des ignorances et certaines aberrations, les psychiatres disaient des choses très intéressantes à cause de leur contact permanent avec l'âme humaine et parce qu'ils parlaient d'elle. J'appris encore que les plus grands psychiatres du monde se nommaient docteurs de l'Eglise car leur science de l'âme humaine était bien plus complète que celle des premiers ; voilà pourquoi le cas des saints, qui ne cesse de les intriguer, les dépasse infiniment, et pour cause : ils nous parlent de l'infini, de l'éternel. Ils nous appartiennent. Fils de Lévi, notre part d'héritage c'est Dieu qui est admirable dans ses saints.

Accepter que ceux que l'Eglise dans sa sagesse nous propose comme modèles aient souffert dans leur psychisme, est infiniment précieux pour l'avenir du christianisme. L'Eglise détient le secret ultime, la clef qui donne le sens de la vie et de la mort, de toute souffrance, celle de l'âme et du corps. Comme le disaient les saints cisterciens, elle possède un cellier inépuisable en consolations pour tous ceux qui souffrent, quel que soit le nom de leur souffrance. L'Eglise doit retrouver son anthropologie propre et donner à ses enfants une vision de l'univers sublime – et non pas sublimé – parce qu'accessible aux plus pauvres, de l'enfant trisomique au schizophrène. Si aucun saint ne s'est suicidé, c'est que la vie est viable, même en enfer ! Elle est plus que viable, elle est merveilleuse et d'essence divine. D'aucuns, se plaçant en dehors de l'expérience spécifiquement religieuse, le pressentent, c'est le cri de Mme Brossard-Legrand : Chienne de vie, je t'aime !

Les saints iront au-delà des frontières du supportable pour nous dire: voyez qu'avec Dieu on peut aller très loin, voyez ce

Christ qui est plus qu'un Orphée puisque ce sont des milliers d'Eurydice qu'il va chercher aux enfers.

Dans ces pages nous irons très loin, non pour dire que tout chrétien doit connaître ces expériences, qu'il s'agirait en somme d'une norme, alors que dans l'amour il n'est pas de norme, nous irons très loin pour montrer que le chemin est sûr, nous irons très loin aussi parce que beaucoup de nos contemporains sont très loin dans les chemins qui descendent aux enfers.

L'homme qui, soudain, fait l'expérience de l'angoisse, n'étant pas préparé par une approche théologique juste de ce phénomène, se tourne immédiatement vers... l'armoire à pharmacie. La consommation d'anxiolytiques atteint des proportions énormes et tend à se généraliser d'une manière régulière, avant le coucher par exemple, ou plus ponctuellement avant un examen, avant une rencontre importante, un voyage etc. Cette anesthésie de l'âme n'est pas sans présenter des dangers car en endormant certaines fonctions psychiques, on risque de saper le travail de la grâce.

C'est ce même homme qui s'insurgera en disant : mais quelle grâce y a-t-il à être angoissé ?

Médicalement parlant, l'angoisse est un signal d'alarme qui détecte une agression consciente ou dans la plupart des cas inconsciente. L'angoisse est une réaction fondamentalement positive, elle signale une “remontée” des profondeurs. S'il reste un peu de bon sens à l'homme profane il cherchera la cause de ce malaise, il voudra identifier l'agresseur afin de le combattre ou de se réconcilier avec lui. Il est probable que bien des maux physiques résultent d'un refoulement de l'angoisse, il n'est pas toujours très bon de couper chimiquement les circuits que le Créateur a établis en nous ; le signal ne se perd pas, il s'égare. Il faut que le mal sorte ! Adage populaire plein de sagesse rejoignant cette logique de la purification qui nous semble de prime abord inacceptable.

L'homme spirituel sait, ou il doit réapprendre avec le Carmel et les Pères de l'Eglise, que l'angoisse est une grâce. Redisons comme un leit-motiv l'admirable vers de Jean de la Croix : «par une nuit obscure étant pleine d'angoisses et enflammée d'amour». Nuit et angoisse sont évidemment liées. Sur le plan naturel, l'approche de la nuit fait resurgir des peurs ancestrales et dans les monastères, on prie d'être gardé des angoisses de la nuit. Sur le plan surnaturel, l'angoisse pourrait s'appeler agression d'amour, ce sont en effet les flammes d'amour qui provoquent les angoisses et si la nuit est dite pleine d'angoisses c'est parce qu'elle est tout enflammée d'amour. Rien de négatif dans tout cela.

L'angoisse provient donc de ce que l'être pécheur, tout au fond de sa conscience, considère Dieu et particulièrement son Esprit, comme un agresseur. Comme il sont nombreux, les personnages de la Bible à s'écrier qu'ils ne veulent pas mourir dès que Dieu commence à leur adresser la parole, comme si Dieu faisait mourir. Trouvez un coquillage ouvert et vous verrez qu'au moindre effleurement, il se refermera. L'âme est une huître perlière mais qui refuse instinctivement de se laisser blesser pour produire son chef-d'oeuvre. L'angoisse témoigne, comme le dit le Père Thomas Philippe dans "Docilité à l'Esprit", l'angoisse témoigne d'une emprise de l'Esprit Saint.

Combien pouvons-nous comprendre que l'épée de feu à deux tranchants soit un symbole de l'Esprit. L'approche de Dieu est perçue comme une mort : de fait, angoisse et agonie sont un seul et même mot. L'étreinte de feu, l'emprise de Dieu, nous la percevons sur le plan physique comme une intolérable morsure, comme une strangulation. L'état de panique dans lequel nous sommes plongés alors, nous pousse à croire que Dieu n'est justement pour rien dans cette affaire. On dissimule ses angoisses aux yeux des hommes, aux yeux de Dieu, et bien souvent aux yeux des hommes de Dieu car nous avons terriblement peur de passer pour fous. Il nous semble qu'une faiblesse psychique de notre part serait mal perçue de notre entourage, qu'elle ne susciterait pas la moindre miséricorde. Ce qui est vrai, tant le clergé que le peuple a adopté l'anthropologie du monde. Pour nous, Dieu est vivant et présent dans chaque baptisé comme il est véritablement présent dans l'Eucharistie et rien de ce qui nous arrive ne lui est étranger. Il est curieux de voir cette attitude taxée de fidéisme. S'il est vrai que pas un cheveu de ma tête ne tombe sans sa permission, Dieu est présent jusqu'au coeur de mon angoisse. Et cela, qu'elle soit d'origine naturelle ou surnaturelle. Qu'elle provienne d'un conflit aussi ancien que ma naissance ou plus ancien encore ou qu'elle provienne d'une irruption de l'Esprit dans ma vie. Si je n'accepte pas mon angoisse, je refuse à Dieu toute possibilité de me changer.

Citons cet apophtegme vieux de plus de quinze siècles, rapporté par Michel Laroche dans "Seconde Naissance" [1] : ...un fils spirituel va trouver son abba et lui dit : «Père, la pensée du suicide me tourmente». Le père spirituel répond : «Mon fils, c'est parce que tu n'assumes pas ton angoisse.»

Comment peut-on assumer l'angoisse dans la mesure où elle est vécue comme un rétrécissement de tout l'être et comme une agonie dont l'issue est fatale. En répondant qu'elle est une école, nous introduisons la notion de durée, de progrès et d'acquisition. Pour employer le vocabulaire franciscain, il faut peu à peu s'habituer au compagnonnage de soeur angoisse. L'enseignement qu'elle va nous communiquer pourrait se diviser en deux grands thèmes : le réalisme spirituel et l'abandon.

L'angoisse comme initiation au réalisme spirituel

Médicalement parlant, angoisse et phobie font l'objet d'une distinction, pourtant les deux sont l'expression d'une même

---

1. Editions Nouvelle Cité

réalité profonde qui s'extériorise différemment selon les sujets. Angoisse, nous l'avons dit, suggère de par son étymologie un rétrécissement de l'être, un spasme ; phobie suggère la peur, concept biblique que Dieu énonce 366 fois : n'aie pas peur. Le contact du divin suscite immédiatement cette peur. Nous considérerons angoisse et phobie comme une même réalité et nous les traiterons de la même manière, sachant que peur et spasme de l'âme sont liés dans leur origine.

L'angoisse dès qu'elle se fait sentir nous fait mentir. C'est-à-dire qu'elle modifie notre perception et notre conscience de la réalité qui nous entoure. Nous sommes soudain prisonniers, soit d'une idée, soit d'une perception spatio-temporelle, d'une ambiance, d'un souvenir.

Elle s'est glissée comme le serpent dans l'herbe et soudain elle redresse la tête, nous n'en voyons plus que son regard hypnotisant, elle dit par exemple : tu vas mourir et nous croyons que nous sommes en train de mourir. De petits enfants vivent de telles angoisses : le jour ne se lèvera plus, c'est la fin du monde.

Notons que dans tous les cas une purification de l'imagination et de la mémoire s'impose. Notre mémoire contient un stock d'images négatives que nous avons beaucoup de mal à gérer, elles peuvent apparaître à n'importe quel moment sur l'écran de la conscience, que nous ayons ou pas fait la moindre manoeuvre pour consulter la banque de données de notre merveilleux ordinateur personnel. Remarquons-le, dans l'angoisse, il est courant de chercher une main pour la serrer, la toucher ou de triturer un objet, une alliance ; ce geste est très révélateur : nous cherchons à nous agripper au réel, d'une manière désordonnée certes mais juste. En nous se pose inconsciemment la question : qu'est-ce qui existe vraiment : le fantôme qui a envahi le champ de ma conscience ou la main que je tiens ? Si j'arrive à percevoir pleinement la main que je tiens, l'angoisse commence à lâcher prise, si j'arrive à détourner les yeux des monstres qui me fascinent et à investir mon attention dans autre chose ou mieux dans quelqu'un d'autre, l'angoisse s'évanouit peu à peu. J'ai un jour fait une expérience qui m'a convaincu du bien-fondé de la méthode trouvée par un malade angoissé : le docteur Vittoz. Il était sûr qu'il pouvait de lui-même évoluer vers une victoire [1], se rééduquer lui-même, en un mot accepter une purification. En psychiatrie, je considère que cette méthode est l'une des rares à être à 100% compatible avec les voies spirituelles, avec l'école du Carmel. Cette expérience fut la suivante : je conduisais en haute montagne et je fus pris rapidement de nausées et d'angoisses, le paysage me devint indifférent, tout me devint indifférent comme c'est le cas dans le mal de mer où très souvent les malades gémissent : laissez-moi mourir ici. Encore une fois, notons le lien entre angoisse et agonie. Je descendis donc de voiture et en me forçant pris quelques photos. Mon attention à ce que je voyais, le cadrage sur une portion de la réalité, fut telle que je fus guéri instantanément. Autrement dit la sensation pure de la réalité avait pris le dessus sur la sensation morbide de l'irréel, de l'imaginaire.

Nous allons apprendre d'angoisse en angoisse à discerner le réel, nous domestiquerons peu à peu la bête dévoreuse d'énergie, montée de sa réserve naturelle de l'imaginaire. Nous apprendrons aussi, et progressivement, en même temps que grandira notre foi, que la seule réalité est divine, ou plutôt que Dieu seul donne aux choses et aux êtres leur réalité. Il est le seul existant qui communique l'existence. En dehors de Dieu rien n'existe vraiment, rien de durable, Dieu est amour et seul l'amour demeure éternellement. Déjà nous rencontrons ces paroles de Thérèse d'Avila qui nous accompagne au long de la lecture de ce livre : *Que rien ne te trouble* (angoisse), *que rien ne t'effraie* (phobie), *tout s'en va, Dieu seul suffit.*

---

1. "Traitement des psychonévroses par la rééducation du contrôle cérébral" Dr Roger Vittoz, *Ed.J B Baillière et fils - Paris*

L'angoisse, école d'abandon

Dieu est notre stabilité dans un monde extrêmement mouvant, dans la labilité de notre vie psychique et affective. L'angoisse signale souvent ce que saint Jean de la Croix nomme l'esprit de vertige, c'est-à-dire la perte de nos points de repère sensibles, particulièrement dans la nuit des sens et des points de repère spirituels, ce qui est davantage le cas dans la nuit de l'esprit que nous aborderons plus loin.

Je connais des spirituels qui profitent de leurs angoisses, qui les mettent à profit pour vivre un véritable abandon, car dans ce vertige, la foi nue, la volonté nous font doucement toucher la main de Jésus le Verbe et trouver, au sein de la tempête, le lieu d'un ineffable repos, habitant dans l'oeil du typhon, ou pour employer une expression plus juste, réfugiés dans les plaies de Jésus.

Dès les premières morsures de l'angoisse, il faut se dire : tout passe, et se convaincre que les perceptions qui envahissent le champ de notre conscience vont, elles aussi, passer, même si elles se mettent à hurler que tout est perdu, que nous étouffons, que nous sommes en train de mourir. Il se fait alors une grande douceur dans l'âme tourmentée, nous sommes au sein même de cet enfer "consolés sur des genoux". Abandonnés sur le sein de Dieu ou celui de sa mère. Abandon et enfance spirituelle se donnent la main. L'enfant est totalement abandonné car sa sécurité et tous ses points de repère sont dans son père. Penser comme lui, le suivre, l'imiter en tout, l'admirer, et le monde entier tient dans les limites de cette sécurité familiale. La paternité n'est pas un cadre étroit, "sécurisant" dans le mauvais sens du terme, la paternité divine est immense et s'identifie à l'amour. Celui qui habite en Dieu le Père demeure dans l'amour ; l'amour est sa maison, son passé, son avenir, son présent qui se prolonge, l'amour est sa hauteur et sa profondeur, l'amour est son ciel qui descend jusqu'aux enfers. Partout où il va, il est chez lui, dans la sécurité puissante de la paternité divine. Celui qui nie Dieu ou qui n'a pas encore découvert sa paternité est condamné à l'angoisse existentielle : où sont mes racines et où vais-je ? Même non formulées ces questions ne cessent de le harceler car l'infini au coeur duquel nous vivons l'agresse en permanence.

Accepter l'angoisse c'est aussi accepter de répondre aux questions que l'athée en nous refuse de se poser de peur d'une angoisse plus grande : se trouver affronté à l'immensité des cieux.

Dans la nuit des sens, j'ai souvent remarqué que les angoisses avaient plus particulièrement pour thème l'espace et le temps. Claustrophobie, agoraphobie, le temps qui passe trop lentement ou trop rapidement comme un manège infernal, la peur de l'éternité, le spectre de l'ennui. Autant de symptômes qui annoncent une migration de l'être en Dieu. J'ai connu un moine claustrophobe. Où pouvait-il fuir, lui qui était cloîtré, sinon dans la direction qu'il fuyait depuis son noviciat : la verticale absolue de l'oblation. Que Dieu est bizarre ! Non, c'est nous. Nous nous faisons moine pour nous donner tout à fait, et Dieu est obligé de nous contraindre à prendre l'unique voie du bonheur en fermant toutes les autres à coup d'angoisses.

Pour que la méthode divine soit efficace, il faut absolument nous dégager de cette moderne manie de recourir systématiquement à la dose de chimie qui nous anéantira dans le sommeil, pilule que le théâtre pourrait ridiculiser comme les modernes clystères de la maladie de l'imaginaire. Il nous faut au contraire être réveillés, nous éveiller au présent, être présent à la seule présence qui est celle de Dieu et vivre pleinement, intensément le présent de sa Présence. Comme le fait remarquer Vittoz, rien dans le présent n'est vraiment insupportable, mais nous avons peur d'avoir peur, peur d'une vague plus forte qui nous emporterait mais qui ne se produira jamais puisque Jésus est avec nous dans la barque et qu'il commande même à la tempête. L'imaginaire projette dans l'avenir ses raisons d'avoir peur et nous vivons alors l'angoisse par anticipation ; cet avenir-là n'existe pas, il faut nous en convaincre car, quand il sera là, nous le nommerons présent et le présent sera vécu dans la présence de Dieu et rien de vraiment insupportable n'habite le présent ! Cet abandon dans les bras de Dieu ne supprime pas la montée d'angoisse qui travaille comme un signal qu'il nous faut décoder mais au lieu d'étendre son emprise sur plusieurs heures elle disparaît au bout de quelques minutes comme si elle avait atteint son but. L'attitude juste après cette mini-agonie est la louange : *Seigneur j'étais dans l'angoisse* (litt. dans le rétrécissement) *et tu m'as mis au large.* (Ps 4,1)

Nous pouvons conclure que quelle que soit l'origine de l'angoisse, naturelle ou surnaturelle, elle peut être vécue d'une manière positive et nous faire évoluer spirituellement. Que chacun s'essaye patiemment à cette école qui est celle de la douceur et de l'humilité. Car quel est l'orgueilleux qui acceptera l'angoisse, elle nie sa puissance, sa suffisance et son self-control. Comme Dieu n'est pas sage quand il s'occupe de nous !

Certains penseront que ces lignes s'adressent aux angoissés légers et occasionnels, rien n'est plus faux. J'ai vu des névroses d'angoisses dont les premiers symptômes s'étaient manifestés dès le berceau, guérir en quelques mois. Mais attention, ce livre ne traite pas de la guérison au premier degré : à quoi cela servirait-il à un homme de sauver sa vie s'il venait à perdre son âme ? Nous voyons au contraire comment Dieu se sert de la maladie pour opérer une véritable guérison ontologique.

Le réalisme spirituel de la mort : chaque angoisse est une petite mort

Nous l'avons dit : angoisse et agonie sont une seule et même réalité. Nul ne peut voir Dieu sans mourir, mourir non physiquement comme dans la première alliance, mais mourir spirituellement, c'est-à-dire mourir à soi-même comme il est dit : celui qui veut garder sa vie – psyché – la perdra et celui qui la perdra à cause de moi la trouvera. Nous ne pouvons faire l'économie de cette mort qu'accompagne une agonie plus ou moins longue et profonde selon nos résistances intérieures au feu dévorant de l'amour, selon aussi le degré d'amour où Dieu veut nous élever. Un chrétien authentique doit vivre sa mort, que ce soit dans la solitude du cloître ou dans l'annonce de l'évangile, un chrétien normal doit vivre son baptême qui est mort et résurrection, identification à la mort du Christ et association à sa résurrection. Il ne le vit pas pour lui seulement mais aussi pour le corps, comme nous l'enseigne saint Paul : la mort agit en moi pour que la vie agisse en vous. L'agonie n'appartient pas à l'avenir, elle est au présent et, assumée au présent, n'est rien, comparée à la gloire à venir que déjà l'Esprit nous fait goûter et qui fait que la vie qui est en nous surabonde.

Vie et mort mêlées comme ombre et lumière, comme douleur et joie. La lumière croît chaque fois que l'ombre croît jusque dans le Royaume de Lumière d'où les ombres se seront enfuies.

Victoire pascale définitivement acquise, notre vie s'inscrit dans ce passage de la mort à la Vie et nos angoisses sont de petites agonies qui ne sauraient se comparer à celle que vécut Jésus au commencement de sa passion d'amour.

Ecoutons la merveilleuse séquence grégorienne de Pâques :

Mors et vita duello	La mort et la vie se sont affrontées
Conflixere mirando	dans un combat extraordinaire
Dux vitae mortuus	le Maître de la Vie, lui qui était mort
Regnat vivus.	règne sur la vie.

Il semble acquis maintenant que les principales angoisses s'originent dans la première expérience de la vie : la naissance.

Dans les épreuves de purification, dans les agonies de la nouvelle naissance remonte le traumatisme initial et tel, qui n'avait jamais éprouvé d'angoisse de sa vie, souffre soudain de claustrophobie. Or l'accouchement a été difficile, les contractions de sa mère étaient inefficaces et l'enfant a souffert de cet emprisonnement. Tel autre sent son angoisse venir de telle ou telle partie du corps qui n'est pas forcément un centre nerveux, un plexus, on découvre presque systématiquement qu'au moment de la naissance cette partie du corps a souffert pour une raison ou pour une autre. La naissance dans la douleur est, selon le texte de la Genèse, la conséquence du péché ; la purification du péché implique une purification des scories originelles que signale l'angoisse. Spitz exprime un avis divergent qui n'est certainement pas sans fondement car on le retrouve expérimentalement dans les épreuves de la vie spirituelle : l'angoisse s'originerait vers l'âge de huit mois quand l'enfant perçoit la différence entre ses parents et les autres, entre le familier et l'étranger. L'Ecriture ne dit-elle pas que nous étions étrangers à la vie divine ? L'expérience de la différenciation entre le visible et l'invisible, le fini et l'infini, notre vraie parenté et celle qui passe, n'est-elle pas génératrice d'une angoisse encore jamais expérimentée, et pour certains, la littérature patristique et monastique le montre, elle est la première véritable angoisse.

La véritable nature du conflit

Tout homme connaît ce que saint Paul nomme l'orgueil de la vie, chevillé à l'être, il est plus qu'un défaut, une imperfection, il accompagne le clochard dans sa déchéance physique et morale, il colle à l'âme du vieillard au bord de sa tombe qui sait qu'il a potentiellement tout perdu et refuse sa nudité adamique liée à l'état d'innocence. L'orgueil de la vie s'origine dans la rébellion contre Dieu, cette connivence héréditaire, héritée de l'ange des ténèbres. Chez l'Archimandrite Sophrony, auteur de la biographie du staretz Silouane [1], ténèbres et orgueil sont synonymes, presque interchangeables, nous en reparlerons à propos de la tentation de désespoir. A sa suite, il ne nous semble pas que ce soit une vision pessimiste mais réaliste d'affirmer que nous sommes tous plongés dans ces ténèbres, que nos racines les plus profondes y baignent, bien qu'au niveau sensoriel nous ne le percevions pas, quand nous ne le nions pas au niveau intellectuel, ce qui est le propre de l'illusion. Les villes attestent cette évidence : les ténèbres s'habillent des mille lumières de la nuit. Voilà à quoi ressemble l'homme qui n'a pas été purifié, il peut faire illusion !

Il n'en reste pas moins que notre âme est oppressée, ballottée, défigurée. Chez certains êtres naturellement plus réceptifs, plus sensibles aux réalités spirituelles, ou chez tout homme traversant une période de fragilisation, cette oppression peut se manifester sous la forme de la fameuse angoisse existentielle. L'angoisse névrotique et l'angoisse psychotique elles-mêmes pourraient être interprétées ultimement comme cette irruption des forces de ténèbres qui nous oppressent.

La psychologie définit l'angoisse comme un affect résultant d'un conflit interne psychologique. En parlant de conflit, elle a raison mais les données du problème ne sont-elles pas, aux yeux du chrétien, réductionnistes ? Le conflit n'est pas d'ordre psychologique uniquement comme le prétend la psychanalyse, mais d'ordre psycho-spirituel. Qu'est-ce à dire ? Suivant cette anthropologie chrétienne que nous essayons de dégager, l'homme est créé à l'image et à la ressemblance de Dieu. C'est son identité même que d'être marqué par le sceau divin, *à peine le fis-tu moindre qu'un dieu* dit l'Ecriture sainte. Ce sceau il le porte en lui, absolument inaltérable au coeur même

---

1. "Voir Dieu tel qu'Il est" Archimandrite Sophrony, *Ed. Labor et Fides*
"Starets Silouane, moine du Mont Athos, vie – doctrine – écrits" même auteur, *Ed. Présence*

de sa misère, des pires déviations. Dieu est amour, c'est son identité, un amour bien diffusif de lui-même, c'est sa qualité essentielle. Puisque nous sommes créés à son image, puisque comme le disent les auteurs cisterciens : notre âme est miroir de sa divinité, nous portons en nous, et son amour, et son désir impérieux de le communiquer.

Le degré d'oblativité conscient ou inconscient d'un être va conditionner ses réactions aux agressions génératrices d'angoisses.

Nous distinguerons schématiquement plusieurs degrés d'oblativité :

– L'acceptation sans révolte, en répondant à l'agresseur par un surcroît d'amour et en continuant à avoir confiance en lui, c'est-à-dire en lui pardonnant, consciemment ou non. Dans ce cas il n'y a pas de conflit.

– La réaction agressive par la révolte et l'endurcissement du coeur. Sorte de blindage auto-protecteur qui va étouffer, telle une gangue, le déploiement de la fonction oblative et l'accueil de l'amour. N'allons pas imaginer qu'il s'agisse de traumatismes forcément importants. Une simple contrariété peut engendrer chez le jeune enfant ce type de révolte qui, en soi, n'a que peu d'impact. C'est la répétition qui conduit à un automatisme de défense. En effet, nous trouvons un conflit entre deux forces antagonistes : la première, qui consiste à refuser de donner le pardon et de le recevoir, est d'origine psycho-affective, elle aliène peu à peu toute la liberté spirituelle. La seconde, oblative, consiste à aimer inconditionnellement – c'est l'enjeu du livre de Job – et à se laisser aimer tout aussi inconditionnellement, ce qui, peu à peu, entraîne la perte de la liberté extérieure, charnelle. Cette dimension est purement spirituelle dans son origine mais s'incarne et rayonne dans toutes les dimensions – physiques et psychiques – de l'être pour l'harmoniser. Si elle ne peut se déployer librement, c'est au contraire une dysharmonie qui s'installe.

Les saints, dans leur maturité, nous donnent une image d'êtres blessés, dépouillés, presque handicapés à l'issue du combat avec l'ange, mais rayonnant d'une beauté et d'un équilibre surnaturels qui proviennent justement de cette harmonie.

L'homme malade, celui qui, selon les paroles du poète "a mal d'être moi", a mal de Dieu, reste en proie à cette contradiction interne. Il nous faut regarder avec les yeux de Dieu cet homme malade, avec les yeux tendres du Père, avec le douloureux regard de la miséricorde. Il est beau dans cette maladie qui fondamentalement est une maladie d'amour. Satan n'est pas malade, il ne connaît pas ces angoisses, ces conflits entre l'abandon à l'amour et le désir de se protéger, il n'aime pas, il est refus et rien que cela.

Tous les désordres psychologiques pourraient alors être envisagés comme le fruit de cette dysharmonie, de ce conflit permanent entre l'oblativité qui cherche à orienter l'être dans une relation dynamique d'amour avec les autres et avec Dieu, et les blindages.

Poussé à son paroxysme, et peut-être aussi en fonction d'une fragilité organo-génétique, ce blindage peut revêtir une forme d'absolu. Refus net et catégorique d'entrer en contact avec le monde ambiant, de communiquer, de communier. C'est le cas des psychoses profondes. On aboutit, non pas à une forteresse vide comme le propose Bettelheim, mais plutôt à une forteresse atomique, explosive. Le dynamisme de la dimension spirituelle oblative et réceptive ne saurait être étouffé et détruit par la zone de blindage qui l'entoure.

En d'autres termes, le besoin absolu d'aimer et d'être aimé subsiste au coeur même du refus.

Cette force rencontre une terrible opposition dans le blindage absolu qui s'est mis en place et qui, d'ailleurs, engage la liberté spirituelle, puisque sous-tendu par une attitude profonde d'orgueil. Sous l'effet des deux pressions antagonistes, le MOI finit par se fissurer et on aboutit à l'éclatement de la personnalité avec son cortège de délire, d'hallucinations et d'impénétrabilité, tel qu'on l'observe dans la psychose.

Cette vision de la psychose permet une compréhension de ce qui se passe à une plus petite échelle dans la pathologie courante, c'est à-dire pour tout ce qui touche à la conduite névrotique ou caractérielle.

Là, le blindage n'a pas le même caractère d'absolutisation. La fonction oblative peut donc sourdre tant bien que mal au travers de la personnalité.

Elle ne le fera pas d'une manière fluide et harmonieuse, imprégnant toutes les zones de l'être comme cela devait être le cas pour la Vierge Marie à cause des conséquences psychologiques de sa conception immaculée, ou pour Jésus dans son humanité bien qu'à Gethsémané il ait expérimenté toutes les souffrances de l'aliénation de l'amour dans l'humanité pécheresse.

Cette très belle fonction se heurtera aux blindages et générera donc des conflits et des angoisses ou bien, lorsqu'elle trouvera de quoi s'épancher, elle le fera d'une manière mélangée. On pourrait retrouver dans les descriptions des divers tableaux de névroses, la perversion, les diverses formes de viciations que peut prendre l'expression de l'oblativité.

Ce qu'il ne faut pas perdre de vue, c'est qu'au coeur du symptôme le plus douloureux pour le sujet et le plus pénible pour l'entourage, il y a comme une force motrice et dynamisante de la fonction oblative qui tente tant bien que mal de se frayer un chemin. C'est donc une vision positive et optimiste des troubles de la personnalité que nous proposons là. Dans le mot "symptôme", on retrouve la racine "syn" comme dans symbole, synergie, synthèse, donc l'idée de quelque chose qui était fait pour être harmonisé et qui a été perverti, dévié, "ptôme" exprimant l'idée d'une chute.

A l'assaut de la forteresse

Que se passe-t-il pendant les purifications passives ? Chez celui qui accepte de se livrer corps et âme entre les mains de Dieu vont intervenir toute une série de purifications dites "des sens" puis plus tard, beaucoup plus en profondeur, "de l'esprit", du moins dans la vision classique.

En fait, il s'agit d'une purification progressive de l'Amour, de la façon d'aimer et de se laisser aimer par Dieu et par les autres. Or cette façon d'aimer est viciée très tôt. Les purifications vont donc immanquablement aller de pair avec une forme de guérison intérieure.

Elles vont mettre en lumière les fameuses caricatures dont nous avons parlé plus haut. Cet "accouchement" n'est pas sans douleur. Elles vont lever un à un ces blindages qui sont autant de pierres posées sur nos propres tombeaux remplis de ténèbres. Levée la pierre, il reste le tombeau qui n'est pas vide mais rempli d'immondices. Seule la nuit de l'esprit accomplira le nettoyage, la purgation, véritable purgatoire sur la terre. Il ne faut pas s'étonner qu'émergent, lors de cette terrible purgation, des phénomènes et des symptômes rappelant fortement la pathologie.

De la jubilation à l'angoisse, et de l'angoisse à la déification.

Les diverses approches de l'angoisse que nous venons de voir montrent suffisamment son caractère universel. C'est une preuve de maturité spirituelle et humaine que de regarder cette réalité en face : il n'est pas de progrès sans angoisse. C'est sans doute Jean Tauler qui l'exprime le plus clairement, d'une manière à la fois dense et sublime dans son sermon XV que nous allons citer. Ce mystique allemand distingue trois degrés, trois phases dans la vie mystique. Le premier s'appelle "jubilation", nous le nommerions aujourd'hui charismatique où Dieu donne d'une manière sensible et gratuite. La seconde s'appelle l'"angoisse" et la troisième la "déification" qui correspond à la voie unitive chez saint Jean de la Croix.

Voici maintenant le second degré. Quand Dieu a entraîné l'homme bien loin de toutes choses, qu'il n'est plus un enfant, quand il a fortifié par le rafraîchissement de la douceur, il donne alors en vérité du pain de seigle bien dur à celui qui est maintenant devenu homme et parvenu à l'âge de la maturité. A un homme de cet âge, une nourriture solide et forte est bonne et utile ; il n'a plus besoin de lait et de pain blanc. Alors se présente à lui un chemin bien désert qui est tout à fait sombre et solitaire ; c'est là qu'il est conduit. Sur ce chemin, Dieu lui reprend tout ce qu'Il lui avait donné. L'homme est alors si complètement abandonné à lui-même qu'il ne sait plus rien, absolument rien de Dieu. Il en arrive à une telle angoisse qu'il ne sait plus s'il a jamais été dans le droit chemin, s'il y a un Dieu pour lui ou s'il n'y en a pas et si lui-même existe ou non et cela lui devient si singulièrement pénible, si pénible que ce vaste monde lui paraît trop étroit. Il n'a plus aucun sentiment de son Dieu, il ne sait plus rien de lui et tout le reste lui déplaît. C'est comme s'il se trouvait arrêté entre deux murs et qu'il y eût une épée derrière lui et une lance acérée devant lui. Que lui reste-t-il à faire ? Il ne peut ni reculer, ni avancer. Qu'il s'asseye donc et qu'il dise : ô Dieu, je vous salue, amère amertume pleine de toutes grâces. Aimer à l'excès et être privé du bien qu'on aime lui paraîtrait une épreuve plus douloureuse que l'enfer, si l'enfer était possible sur terre.

Tout ce qu'on peut dire alors à cet homme le console autant qu'une pierre. Moins que toute autre chose il ne veut entendre parler des créatures. Plus sa conscience et son sentiment de Dieu avaient été profonds, plus grandes et plus insupportables sont l'amertume et la misère de ce dépouillement.

Allons ! Bon courage ! Le Seigneur est sûrement tout près. Appuie-toi au tronc d'une vraie foi bien vivante ; bientôt tout ira très bien. Mais dans cette torture, la pauvre âme ne peut croire que ces insupportables ténèbres puissent jamais se changer en lumière.

Texte admirable en vérité qui synthétise en quelques phrases l'enseignement de ce que Jean de la Croix exposera longuement dans ses écrits et plus particulièrement dans la Nuit Obscure.

Notons qu'il ressort de l'expérience des deux mystiques que cette puissante désolation est comme l'avers d'une face cachée, d'un immense bonheur secret comme l'expriment, dans une formule extrêmement dense, ces deux mystiques de tempérament et de culture pourtant très différents.

Jean de la Croix : Dans une nuit obscure pleine d'angoisses et enflammée d'amour.

Jean Tauler : O Dieu je vous salue, amère amertume pleine de toutes grâces.

IV

LA NUIT DE L'ESPRIT OU LES LECONS DES TENEBRES

Alors le Seigneur a décidé d'habiter la nuée obscure.

1 Rois 8,12

Je suis l’homme qui a connu la misère,
sous la verge de sa fureur.
C’est moi qu’il a conduit et fait marcher
dans la ténèbre et sans lumière.
Contre moi seul, il tourne et retourne
sa main tout le jour.

Il a consumé ma chair et ma peau,
rompu mes os.
Il m’a fabriqué un joug, il a cerné
ma tête de fatigue.
Il m’a fait habiter dans les ténèbres,
chez les morts de jadis.

Il m’a emmuré et ne puis sortir ;
il a rendu lourdes mes chaînes.
Quand même je crie et j’appelle,
il arrête ma prière.
Il a barré mes routes avec des pierres de taille,
obstrué mes sentiers.

C’était pour moi un ours aux aguets,
un lion à l’affût.
Rendant épineux mes sentiers, il m’a déchiré,
il a fait de moi une horreur.
Il a bandé son arc et m’a visé
comme cible par ses flèches.

Il a planté en mes reins ses traits,
les fils de son carquois
Je suis devenu la risée de tout mon peuple,
leur chanson tout le jour.
Il m’a saturé d’amertume,
il m’a enivré d’absinthe.

Lamentations de Jérémie 3, 1-15

Il y a différents degrés d'angoisse ou plutôt deux façons radicalement distinctes de l'expérimenter.

L'angoisse psychologique

C'est celle, pourrait-on dire, du commun des mortels. Elle est ressentie comme une oppression ou une tension manifestant l'attente d'un certain danger impalpable, irréel qui accule au désarroi. L'ambiguïté de la condition humaine se résume au moment où surgit l'angoisse en un affrontement immédiat de vie et de mort et c'est immanquablement au vertige qu'elle renvoie. L'anxieux saisi par son vertige est dessaisi de ses facultés d'analyse et de contrôle. Il ne peut ni vouloir, ni être convaincu. Il a du mal à prendre du recul à l'égard de la situation pénible qui le fascine. Cette angoisse crée et entretient une série de sentiments paralysants et pessimistes. En même temps, elle s'accompagne de tout un cortège de manifestations somatiques, illustrant combien l'esprit et la chair sont intimement liés. Difficulté à respirer, spasmes digestifs, nausées, gorge serrée, brulûres précordiales, tremblements, sueurs ; la vision peut aller jusqu'à se brouiller, les maux de tête devenir lancinants et parfois, on ne peut plus supporter ni lumière, ni bruit ni même d'être touché. L'angoisse peut aussi ne pas être expérimentée psychiquement mais être canalisée dans un symptôme purement somatique – asthme, ulcères, eczéma... – ou bien encore se cristalliser sur un objet ou une situation : phobie de la foule, phobie des espaces réduits, phobie du vide, etc.

Elle peut aussi devenir compulsive et se traduire par des obsessions – blasphèmes, obscénités, idées de violence – des impulsions, des doutes, des rites à caractère incoercible portant souvent sur la propreté ou l'ordre comme autant de luttes désespérées contre les monstres qui, par vagues, viennent obscurcir notre champ de conscience.

Enfin, elle peut engendrer, chez les plus extravertis, toute une série de troubles du comportement allant du chantage affectif simple avec hyper-expressivité séductrice à la véritable crise d'hystérie : contractures, spasmes, paralysies, amnésies... Mais gardons-nous de juger ces attitudes. Toute cette diversité de symptômes ne fait que traduire une seule et même réalité : la peur fondamentale de ne pas être aimé, d'être rejeté. Rejeté par qui ? Par Dieu ? Par les hommes ? Qu'importe ! Cette angoisse est universelle. Songeons à l'angoisse d'Adam et Eve se cachant au jardin d'Eden. C'est une angoisse liée à la culpabilité du péché comme le sont toutes nos angoisses mais c'est aussi l'angoisse d'être séparé de Dieu, d'avoir perdu Dieu. Angoisse très pure qui, elle, est indépendante du péché et de la culpabilité.

Au-delà de tout conflit psycho-spirituel, la simple séparation d'avec Dieu est génératrice d'une profonde angoisse. La Vierge elle-même et Joseph en ont éprouvé douloureusement les effets lorsque Jésus, âgé de douze ans, les quitta à leur insu, afin de demeurer à Jérusalem :

...Le croyant dans la caravane, ils firent une journée de chemin, puis ils se mirent à le rechercher parmi leurs parents et connaissances. Ne l'ayant pas trouvé, ils revinrent, toujours à sa recherche, à Jérusalem. Et il advint au bout de trois jours (trois jours préfigurant sans aucun doute le mystère pascal) *qu'ils le trouvèrent dans le Temple, assis au milieu des docteurs... A sa vue ils furent saisis d'émotion et sa mère lui dit : «Mon enfant,*

pourquoi nous as-tu fait cela ? Vois, ton père et moi nous te cherchons tout angoissés» (Lc 2,44-48). Cette angoisse n'est pas due au simple fait humain d'avoir perdu l'enfant comme seraient angoissés tous les parents en pareil cas. Il y a quelque chose de bien plus profond. Une nuit sans doute terrible que traversent Joseph et Marie.

Il nous faut réaliser que, demeurant avec l'enfant Jésus, jour après jour, depuis douze ans, ils vivaient de fait en la compagnie même de Dieu dans une intimité que l'on peut difficilement imaginer. Ils pouvaient Le contempler, Le toucher, Lui parler, L'embrasser, être nourris, comblés par sa simple présence et son rayonnement caché. Ils pouvaient expérimenter avec tous leurs sens la douceur de la présence de Dieu.

Brutalement, sans explication aucune, Dieu se retire... du moins sensiblement et ils sont plongés dans l'angoisse ! C'est d'une véritable nuit des sens qu'il s'agit.

C'est le genre même d'angoisse que nous expérimentons douloureusement lorsque nous entrons dans les privations des purifications passives. Dieu se retire... Nous voici désemparés, désorientés, le moindre petit accroc fait resurgir en nous de vieilles peurs et les symptômes plus ou moins pathologiques affluent : obsessions, irritabilité, vertiges, inhibitions paralysantes ou bien au contraire ostentation dérisoire, manque de tempérance la plus élémentaire. Nous voici profondément humiliés, Dieu dévoile au grand jour nos faiblesses. Notre entourage peut en être surpris, choqué, ce qui accroît encore notre peine. *«Le bien que je voudrais faire je ne le fais pas et le mal que je voudrais ne pas faire, je le fais»*, dira saint Paul (Rm 7,19).

C'est que nous ne sommes pas l'Immaculée Conception. Lorsque Dieu, pour elle, se retire sensiblement, elle éprouve vraisemblablement quelques-unes de ces manifestations physiques que nous avons évoquées : tension intérieure, serrement de gorge, palpitations cardiaques, mais rien de pathologique en soi. De même, au plan spirituel, expérimente-t-elle le doute, l'incompréhension, mais ni colère, ni révolte. Tout son combat intérieur ressort au moment du recouvrement : *«Mon enfant,* pourquoi *nous as-tu fait cela ?»* (Lc 4,48). C'est un pourquoi dénué du moindre reproche ; c'est un pourquoi d'incompréhension qu'elle lui adresse. Il est touchant de noter qu'elle l'appelle encore "mon enfant" alors qu'Il vient de leur signifier clairement par son attitude qu'Il n'est plus un enfant, qu'Il est passé de l'enfance à l'âge adulte comme tout adolescent juif de douze ans [1] . Marie essaie de retenir son enfant, son Dieu. Elle souffre, comme toute mère, de ce qu'il lui échappe et nous la voyons là profondément humaine. En même temps, cette tentative de retenir Dieu a une portée profondément spirituelle. Les disciples d'Emmaüs, sans le savoir, agirent de même. Dans les deux cas, notons que Dieu se plie à leur désir, même si de prime abord il les corrige un peu sèchement : *«Ne saviez-vous pas que je dois être aux affaires de mon Père ?»* (Lc 2,49)... *«Esprits lents à croire et sans intelligence !...»* (Lc 24,25). Touché jusque dans ses entrailles par ce dévoilement de notre attachement et de notre dépendance Il revient, afin de demeurer encore pour un temps avec eux. Par ce retour Il s'abaisse, Il s'humilie (n'est-il pas dit qu'il *redescendit* avec eux et qu'il leur était *soumis*). Pour les pèlerins d'Emmaüs, Jésus ressuscité s'effacera lors de la fraction du pain, évocation éminente du mystère eucharistique. Dix-huit ans plus tard, la Vierge *qui gardait fidèlement ces choses en son coeur* (Lc 2,19), la Vierge mûrie et grandie par sa contemplation prendra l'initiative de précipiter le départ de Jésus en Lui suggérant le miracle de Cana... *«Mon heure n'est pas encore venue»*, dira-t-Il (Jn 2,4). Et là encore, Il se soumet. C'est que l'amour maternel de Marie s'est élargi aux dimensions de l'humanité tout entière. Elle suscite en Jésus cette première œuvre de salut par amour pour nous. Elle accepte de perdre son Dieu, elle devance

---

1. "Jésus Juif pratiquant", Fr. Ephraïm, *Ed. Fayard – Ed. du Lion de Juda*

même l'heure du sacrifice pour l'amour des pécheurs, s'exposant ainsi à ce transpercement du coeur prédit par Siméon, véritable mort intérieure et mystique qui, nous le verrons, est à mettre en parallèle avec l'angoisse terrible et absolue de la nuit de l'esprit.

En effet, nous venons de considérer l'angoisse psychologique. Cette sorte d'angoisse recouvre l'angoisse existentielle à un certain niveau, l'angoisse névrotique, et l'angoisse de la nuit des sens. Profondément humaine, elle demeure toute relative et contingente à nos faiblesses. En bref, elle ne touche notre être que dans une mesure somme toute relativement superficielle, c'est-à-dire qu'elle se cantonne au niveau du corps et du psychisme pour utiliser une terminologie paulinienne.

Saint Paul en effet distingue trois parties dans l'homme : le corps, l'âme et l'esprit.

Notons que nous utilisons assez indifféremment le mot âme ou le mot psychisme puisque étymologiquement, ils désignent une même réalité : âme venant du latin *anima*, et psychisme venant du grec *psyche*, qui recouvrent le même concept. Paradoxalement, avec l'avènement de la psychologie moderne le terme “psychique” s'est trouvé quelque peu dévié de son sens originel. N'oublions pas que le psychiatre était à l'origine le médecin des âmes mais avec la montée du freudisme, il s'est peu à peu dressé contre l'esprit jusqu'à en nier l'évidence et c'est toute une psychologie athée profondément matérialiste qui s'est mise en place en moins d'un siècle.

L'Eglise a besoin que des psychiatres et des psychologues chrétiens se penchent sur le problème sous peine d'être contrainte d'utiliser des concepts matérialistes et de se fourvoyer dans une vision de l'homme qui n'est pas en accord avec l'anthropologie biblique. Or, la Bible atteste continuellement que l'homme est un être composite en même temps qu'il est une unique substance.

Le mot hébreu *bassar* que l'on traduit par "chair" correspond à la totalité psycho-somatique – l'homme vivant – et le mot *nephesh* à l'âme, principe vital ou *psyche* en grec.

La Bible veut nous faire sentir l'unité substantielle de l'homme, en même temps qu'elle s'applique à nous donner le sens d'une certaine dualité. De plus, comme l'enseignera saint Thomas d'Aquin, la psyché elle-même, l'âme, est une et indivisible en même temps qu'elle est composée de deux parties. Elle a une nature spirituelle qui rejoint le "nous" pressenti par Aristote et qui n'est rien d'autre que l'"esprit" dont parle saint Paul sous l'influence grecque.

Cet esprit est ce par quoi nous pouvons surnaturellement recevoir l'Esprit de Dieu : *pneuma*. Pour expliciter cette vision de l'homme de manière imagée, voyons maintenant ce qu'en dit Thérèse d'Avila : «L'âme est comme un château, composé tout entier d'un seul diamant ou d'un cristal très pur et qui contient beaucoup d'appartements» [1].

Ce château est tout resplendissant des clartés d'un foyer divin, Dieu lui-même, qui se trouve au centre. Le château s'éclaire de plus en plus à mesure que l'on se rapproche de ce foyer. La vie spirituelle n'est rien d'autre qu'une intériorisation progressive, chaque étape dans l'intériorisation est une demeure. Dieu habite les septièmes demeures, au centre du château de l'âme, c'est-à-dire l'esprit. A la périphérie nous pouvons retrouver, figurant l'enceinte du château, le corps et les sens, ainsi que la partie superficielle de l'âme. Rappelons ici que l'image du Temple avec les parvis, le Saint et le Saint des Saints est peut-être encore plus suggestive. Jésus lui-même s'y réfère (*Détruisez ce temple, je le rebâtirai en trois jours,* Jn 2,19) puis saint Paul : *«Vous êtes le temple du Saint-Esprit ! (I Co 3,16-17)*. Nous avons vu que l'angoisse concerne cette partie relativement superficielle : elle intervient selon Thérèse

1. Sainte Thérèse d'Avila "Le livre des Demeures", Ch. I, p. 814

d'Avila aux quatrièmes demeures lorsque la personne est entrée de plain-pied dans la contemplation. Désormais le sujet ne trouve de joie et de consolation ni dans les choses de Dieu ni dans les choses créées. L'impuissance à méditer, la tristesse, la fatigue, l'angoisse, vont être autant de manifestations de cette nuit des sens. Elle permet, au terme de la purification, à l'Esprit de Dieu de se joindre à notre esprit du moins en ce qui concerne l'union de volonté, car nous sommes loin encore du mariage mystique. Ce sont les Ve demeures où déjà la personne est métamorphosée (comme le ver à soie se métamorphose en papillon !)

L'union de volonté est essentiellement caractérisée par une «emprise amoureuse de Dieu sur la volonté qui devient ainsi abandonnée et souple à ses motions» [1].

C'est ainsi que la personne ne se reconnaît plus : pleine de l'amour que Dieu lui-même lui a infusé, elle peut maintenant se donner aux autres avec une réelle efficacité, une réelle fécondité. En même temps que son amour pour Dieu, son amour pour le prochain s'est comme dilaté à l'infini.

Ici nous trouvons les prémices de la sainteté, cependant rien n'est encore acquis et avant que d'aboutir à la perfection, à l'union totale à Dieu dans les VIIe demeures, l'âme doit passer par la terrible "nuit de l'esprit".

Ce schéma, brièvement présenté, de l'ascension spirituelle au cours de la vie mystique ne constitue pas un dogme rigide, loin de là. Il s'agit d'une simplification à mesure didactique de ce qui se passe en réalité. Il va de soi que chaque cheminement est original et absolument unique. Cependant, certaines grandes constantes en jalonnent les étapes.

Inutile donc d'essayer de se situer dans l'une ou l'autre des demeures : ce serait le meilleur moyen de tomber dans l'illusion ou bien dans le découragement. Personne, pas même le directeur spirituel le plus éclairé ne peut prétendre exercer un

---

1. P. Marie-Eugène "Je veux voir Dieu", p. 652

discernement quant à sa propre vie intérieure. Ceci, par contre, est la loi absolue de la soumission et de l'obéissance qui fait que nous ne pouvons pas cheminer seul sous peine de nous fourvoyer. Par ailleurs, les temps sont courts, Dieu est pressé, Il brûle les étapes. C'est ainsi qu'on voit de récents convertis entrer rapidement dans des grâces d'oraison mystique et de contemplation. Des nuits peuvent surgir très vite, nous surprendre. Autrefois, il fallait toute une ascèse de détachement, une lente désappropriation de soi avant que d'être saisi par Dieu dans les purifications passives. A l'heure actuelle, Dieu semble procéder autrement à cause de l'urgence des temps. C'est pourquoi nous ne nous sommes pas beaucoup attardés sur les trois premières demeures où Dieu n'intervient que d'une façon assez générale en donnant quelques consolations et quelques facilités de recueillement et où la personne tente d'éviter le péché, d'organiser sa vie en vue de la prière, de corriger ses défauts, en bref, de s'appliquer de son mieux à grandir en Dieu ce qui est louable en soi mais elle le fait encore trop par elle-même et pour elle-même.

Ces personnes sont souvent peu préparées, encore inconverties sur bien des plans lorsqu'elle sont soulevées, aspirées par la grâce. D'où quelques petits incidents psycho-pathologiques bien compréhensibles et peut-être plus fréquents qu'autrefois. Dieu prend des risques pour nous mener rapidement à une haute sainteté. A nous de savoir coopérer et de ne pas saper son travail à la base en psychiatrisant à outrance, en excluant de nos communautés les frères et les soeurs chez qui l'on soupçonne une faiblesse psychologique, ou qui présentent au bout de quelque temps une forme ou une autre de décompensation.

L'angoisse est avec l'amour l'expérience ontologique la plus profonde que l'homme puisse faire sur cette terre. Aussi, faut-il savoir la préserver, la défendre afin qu'elle ne soit pas "volée" par un certain discours médical réductionniste et par tout l'arsenal thérapeutique. De nos jours, on vole la mort dans les hôpitaux pour ne surtout pas la considérer de face, on vole aussi nos petites morts que sont nos angoisses.

La nuit de l'esprit ou l'angoisse absolue

Nul ne peut voir Dieu sans mourir (Jg 13,22)

Nous voici donc parvenus dans les VIe demeures à la nuit de l'esprit. Cette nuit, dira saint Jean de la Croix, est «incomparablement plus horrible et épouvantable pour l'esprit que ne l'avait été la première pour les sens...les âmes en vérité y descendent en enfer toutes vivantes» (Nuit obscure I, 8 p. 509, 568).

Ne nous affolons pas, ne nous révoltons pas, considérons plutôt qu'elle nous transporte au sommet du Thabor où l'on peut déjà goûter la béatitude du ciel.

Notons que cette nuit de l'esprit correspond à une intrusion extrêmement forte de Dieu dans l'âme. C'est pourquoi on l'appelle aussi "contemplation infuse".

Or nul ne peut voir Dieu sans mourir, ne nous étonnons donc pas de ce que ce face à face aveuglant nous entraîne dans une mort intérieure des plus douloureuses.

Nous avons été saisis, il y a quelques années, par l'analogie frappante qui existe entre la nuit de l'esprit et la pathologie mélancolique. Cela nous a conduit à en faire l'objet d'un travail universitaire qui montre à quel point il s'agit de deux vécus comparables (Dr Mireille Mardon : les épreuves spirituelles de la nuit de l'esprit selon saint Jean de la Croix et leur rapport avec la mélancolie. Mémoire 1982 Marseille, sous la direction du professeur Jean Sutter).

Ne soyons pas troublés par cette ressemblance. La mélancolie est la forme la plus profonde de dépression que puisse atteindre un être humain. Elle peut aller jusqu'à un état de prostration complet dans lequel le désespoir et la douleur morale touchent à un paroxysme inimaginable. Cette angoisse est radicalement différente de celle dont nous avons parlé plus haut. Les psychiatres, qu'ils soient athées ou chrétiens, s'accordent tous pour dire que l'expérience mélancolique est une expérience ultime et absolue de mort intérieure.

Quant à la nuit de l'esprit, saint Jean de la Croix nous en parle comme d'un «gouffre d'une souffrance sans nom». L'homme en découvrant combien il est loin de Dieu et même opposé à Dieu est écrasé, accablé, il est «oppressé d'un poids immense et invisible ; il souffre et endure une telle agonie qu'il regarderait la mort comme un soulagement et un bonheur».

La description de cette souffrance sans nom n'est pas nouvelle en soi. Il suffit de nous replonger dans les livres de Job ou des Lamentations ainsi que dans certains psaumes pour y retrouver les mêmes accents douloureux et désespérés.

Mais en quoi cette forme d'angoisse est-elle si différente de l'angoisse ordinaire ? Il nous faut, avant d'essayer de la comprendre, suspendre en nous toute idée préconçue de normativité ; ne pas considérer ce qui est vécu comme un symptôme inférant une maladie sous-jacente, mais plutôt comme un "phénomène", c'est-à-dire quelque chose qui n'est nullement indice de maladie mais par lequel se manifeste tout simplement un mode particulier d'être au monde.

Le premier aspect déconcertant de cette immense détresse est qu'elle paraît tellement saugrenue, peu compréhensible, sans fondement à l'entourage, qu'elle ne porte pas naturellement à la compassion. Contrairement à la tristesse courante elle reste sans puissance inductrice, sans résonance chez l'autre.

C'est une angoisse absolue, incommunicable, très proche de l'angoisse psychotique. Il est flagrant qu'à Gethsémané, la tristesse mortelle éprouvée par Jésus possède ce caractère d'incommunicabilité : ses disciples demeurent étrangement fermés à ses appels et vont même jusqu'à s'assoupir au coeur du drame.

Par ailleurs, le mot "tristesse" n'est ici qu'une métaphore bien pâle, utilisée pour exprimer ce qui est proprement inexprimable et inexplicable, une sorte de sentiment de vide, de pétrification, de non-vivre absolu.

Cette tristesse envahit tout le vécu corporel : *Il a fait vieillir ma peau et ma chair, il m'a cassé les dents... Il m'a repu de cendres...* (Lm 3, 1-20) ou encore au livre de Job : L'âme va se flétrissant en soi-même et ses entrailles bouillent sans aucune espérance (Jb 30, 27). Elle peut aller jusqu'à une expérience quasi physique de putréfaction intérieure. Cette douleur sans nom entraîne, on le conçoit, une incapacité radicale à agir : «L'âme en cet état peut aussi peu de choses que celui qui est dans un cachot obscur, les fers aux pieds et aux mains sans se pouvoir remuer, ni voir ni sentir aucune aide...» (N.o. 7, p. 437).

Impossibilité de prier, d'assister avec attention à la liturgie mais aussi parfois d'accomplir le moindre acte banal. Cette inhibition touche l'être dans ses profondeurs et comme pour le mélancolique elle peut aller jusqu'à l'impossibilité d'exprimer sa douleur. Elle peut aussi engendrer une sorte d'anesthésie affective (incapacité à éprouver tout sentiment, y compris la tristesse) paradoxalement perçue avec une acuité torturante.

De plus, le propre corps de celui qui souffre cette agonie devient une charge et un poids insupportables. *«J'ai été fait lourd et pesant à moi-même»* dira Job. Le corps n'est plus qu'un poids immense effroyablement écrasant.

Le monde devient comme étranger, parfois ce sentiment peut aller jusqu'à des expériences de déréalisation ou de dépersonnalisation. Le sujet regarde son propre corps (sa main par exemple) comme ne lui appartenant pas, elle lui paraît bizarre. Tout lui semble absurde, déréel. Ici nous touchons aux frontières de l'expérience psychotique.

On comprend que dans cet état on ne puisse plus communiquer ; la confiance en l'autre, en Dieu, semble être perdue à tout jamais. On se sent rejeté. C'est pourquoi tous les efforts déployés par l'entourage – y compris le directeur spirituel – demeurent souvent vains.

Le temps paraît ne plus passer et stagner, la vie est indéfiniment mourante : *«Il m'a mis dans les lieux ténébreux comme les morts éternels... et j'ai dit mon existence est finie ainsi que mon espérance que j'avais dans le Seigneur»* (Lm 3, 1-20). Cette désespérance est liée à une culpabilité foncière qui semble exclure toute miséricorde pour soi-même. «L'âme comme elle se voit si misérable ne peut croire que Dieu l'aime mais qu'elle mérite plutôt d'être abhorrée non seulement de Dieu mais de toutes créatures pour jamais.» (N.o. 2, 8 p. 439)

Les idées de damnation sont extrêmement fréquentes dans la nuit de l'esprit, quelle qu'ait été l'expérience de la miséricorde connue dans le passé. L'espérance de la mort ne peut donc pas même être libératrice. Tout est absolument fermé : *«mon espérance, qui l'entrevoit, au fin fond des enfers, elle sombrera»* (Jb 17,15-16). Dans sa souffrance celui qui se croit réprouvé est fasciné par la mort et cette fascination peut aller jusqu'à l'obsession du suicide comme pour saint Ignace de Loyola qui, pendant qu'il était en proie à d'indicibles scrupules, eut à maintes reprises des tentations de grande violence qui le poussaient à vouloir se jeter dans un puits. Nous aborderons un peu plus tard ce sujet de la damnation avec saint François de Sales.

Notons ici que si la mélancolie s'achève souvent dans le drame du suicide (suicide en général violent et sans appel : défenestration, pendaison...) ce n'est jamais le cas, heureusement, dans la nuit de l'esprit. La fascination est là, le suicide peut être ruminé, repensé dans ses moindres détails mais il n'y a jamais passage à l'acte réussi comme par protection divine extraordinaire.

Enfin, ces idées de damnation peuvent être paradoxalement accompagnées d'une épreuve de la foi : on ne croit plus en Dieu, l'existence est absurde, elle ne conduit qu'au néant. C'est le coeur même de la nuit traversée par la petite Thérèse que nous livrons là. Ajoutons qu'elle est passée par là non seulement pour sa purification personnelle mais bien plus pour porter l'athéisme du monde moderne dans une perspective rédemptrice.

Propulsé dans un monde étranger, dans une temporalité désespérée qui stagne à l'infini, sans plus de rapport dialogique avec Dieu, *le fou se croise les bras et se dévore lui-même* dira l'Ecclésiaste. C'est l'expérience vertigineuse du vide existentiel. Elle rejoint celle que Sartre a pu décrire dans “La Nausée” ; il s'agit d'un même type d'expérience, l'une menant à la mort (à l'absurde), l'autre étant un chemin de résurrection. Vide du coeur, vide de l'esprit, tout semble se dérober et l'on demeure face au néant. Aussi, ne cesse-t-on d'appeler dans un vide sans répondant : *«Et quand j'aurais crié et prié, il a exclu mon oraison»* (Lm 3,6)... *«Je m'enlise dans un bourbier sans fond et rien pour me retenir.»* (Ps. 69) La stagnation du temps, le barrage de l'avenir font que le passé ne peut plus se dissiper et devient lieu de remords et de ruminations sans fin.

«Je me souviens, je me souviens et je suis miné par mon propre cas.» (Lm 3, 1-20)

La faute devient ineffaçable, le sujet ne cesse de fouiller son passé, et tout ce qui fut ou a pu être fait finit par s'amonceler, acculant ainsi à une désespérance de plus en plus grande.

Pour l'entourage, cette culpabilité est toujours incompréhensible, tant la disproportion entre l'énorme vécu de la faute et le motif éventuellement allégué est flagrante. Elle est en elle-même à la limite du délire puisque sans fondement réel. On peut aussi trouver d'autres thèmes quasi-délirants : des idées d'influence ou de persécution, des idées de domination ou même de possession démoniaque. Ici nous sommes bien sûr au seuil de la psychose. Notons que saint Jean de la Croix qui a connu cette forme écrasante de culpabilité non-fondée pourra s'exclamer au sortir de l'épreuve : «De mon péché il ne reste nulle empreinte en un instant, l'Amour a tout brûlé» comme si, après cette purification terrible, il était saisi par l'évidence du jaillissement continuel de la miséricorde.

En conclusion, soulignons que si l'angoisse de la nuit de l'esprit, à l'instar de l'angoisse mélancolique n'a rien à voir avec l'angoisse psychologique, c'est qu'elle est une forme essentielle d'être et ne comporte pas de thème précis, de réel contenu. C'est une perte de soi radicale, absolue. C'est une véritable mort spirituelle qui ne peut être totalement comprise que par ceux qui l'ont traversée.

Cette purification de l'esprit peut être très intime et rapide comme elle peut, nous le verrons, s'interrompre de longues années puis reprendre sans que l'on sache trop pourquoi.

Ce que nous venons de présenter n'est pas non plus à prendre à la lettre : nous avons regroupé les diverses caractéristiques de cette nuit, ce qui contribue encore à noircir le tableau.

En fait, dans la pratique on peut vivre l'un ou l'autre de ces aspects avec plus ou moins d'intensité. Dernier point, compte-tenu de ce que nous avons mentionné à propos de l'urgence des temps, il semble que les nuits soient plus mélangées qu'autrefois. Le Seigneur peut plonger dans l'épreuve de la nuit de l'esprit une personne qui est loin d'être purifiée au niveau des sens. Vont émerger alors du milieu même de ce marasme douloureux, des symptômes qui ont davantage trait à la pathologie de l'angoisse psychologique évoquée en premier lieu. Le tableau est alors mélangé et le discernement n'en devient que plus ardu.

Enfin, et c'est heureux, saint Jean de la Croix précise que «Cet incendie d'amour n'est pas toujours sensible ; l'âme ne le ressent que par intervalles. Lorsqu'elle est moins fortement investie, elle peut voir le travail merveilleux qui s'opère en elle.» (Nuit obscure, ch 10)

Les voies de Dieu ne sont pas nos voies (Is 55,8).

Que se passe-t-il au cours de la nuit de l'esprit ?

Il n'est pas possible que Dieu soit un bourreau tortionnaire qui inflige intentionnellement pareilles souffrances. «Attribuer ainsi à Dieu, d'une façon exclusive à son action directe et immédiate les effets différents de la contemplation, ne serait-ce pas négliger les modes d'action habituels de la Providence ?» dira le P. Marie-Eugène [1] . Nous poserons donc l'hypothèse suivante : Dieu n'inflige pas la souffrance sans nom que Jean de la Croix définit comme la nuit de l'esprit. Par contre, elle semble inévitable et aucun saint ne paraît y avoir échappé sous une forme ou sous une autre. Le martyre ainsi que le purgatoire peuvent être considérés comme une forme ou un équivalent de la nuit de l'esprit.

Il faut plutôt chercher du côté de notre nature l'origine de cette souffrance. Le staretz Silouane dit que la purification de l'orgueil est la plus grande et l'ultime ascèse du moine. Après les passions charnelles et en deuxième lieu, l'irascibilité. Au dire des mystiques, la nuit de l'esprit s'attaque à ce noyau d'orgueil profondément ancré en nous. Or dans cette épreuve, nous voyons la personne acculée au désespoir, et souvent à la révolte quand elle a encore des forces pour cela. A propos de cette purification de l'orgueil qui lui était pénible, Dieu répondit à Silouane : Tiens ton esprit en enfer et ne désespère pas ! Parole énigmatique, paradoxale puisque l'enfer est le lieu même de la désespérance.

Il faut croire que dans la nuit de l'esprit, Dieu préserve une minuscule ouverture sur l'espérance, parfois et même le plus souvent insensible à la conscience. Puisque le vécu du spirituel plongé dans la nuit est, point par point, semblable à celui du mélancolique, il devrait logiquement y avoir une même propor-

1. P. Marie-Eugène "Je veux voir Dieu" p. 516

tion de suicides réussis. Or nous ne constatons en rien pareil fait.

Pourquoi, en s'attaquant à l'orgueil, la purification fait-elle passer la personne par la déréliction et le désespoir ? Peut-être trouvons-nous là, la forme ultime de l'orgueil. Les psychanalystes ont montré que l'enfant, très tôt, passe par des phases de désespoir et de révolte. C'est là toute l'oeuvre de Mélanie Klein, qui est cependant à prendre avec réserve, car fondée sur une vision profondément athée de l'homme et dans laquelle la conscience d'amour du petit enfant (cf. Père Thomas Philippe) n'a pas sa place. Mélanie Klein va jusqu'à parler de haine chez le tout petit nourrisson, notamment en période de frustration lorsque la faim et la soif le tenaillent et que sa mère est absente. C'est la fameuse phase "schizo-paranoïde" qui serait de fait un "moment psychotique" traversé par tout homme dans les premiers jours de sa vie.

D'où viendrait chez un si petit enfant cette attitude psychotique de refus, de rupture de communion avec l'autre sinon des conséquences du péché originel ?

N'oublions pas qu'après la chute, Adam et Eve se cachent pour se soustraire au regard de Dieu. C'est eux qui prennent l'initiative de rompre le dialogue et la communion par une attitude profonde de repli sur soi qui a quelque chose à voir avec l'orgueil... et avec la psychose !

Or, par le baptême, nous sommes purifiés du péché originel, mais pour ce qui est des conséquences de ce péché dans notre nature, dans notre psychisme et enfin dans notre esprit, il faudra que la grâce baptismale y travaille toute une vie. C'est sans doute pendant la nuit de l'esprit ou bien au purgatoire que s'achève cette guérison et qu'est énucléé le dernier bastion d'orgueil hérité du péché originel et scellé par notre propre refus d'aimer et de nous laisser aimer. Point ne faut s'étonner alors qu'il nous faille passer par des états quasi, voire franchement psychotiques. L'intrusion de Dieu en nos profondeurs abyssales se heurte à ce refus, bien que nous l'ayons maintes fois désirée et appelée. C'est au coeur d'un combat sans merci que nous nous livrons alors à Dieu.

La nuit de l'esprit comme transpercement du coeur

Revenons au transpercement du coeur de Marie. Nous avons suggéré que c'est là que se situe pour elle, le passage par la déréliction de la nuit de l'esprit. Non pas qu'il y ait en elle la moindre trace du péché originel puisqu'elle est immaculée conception, mais comme Jésus à Gethsémané, elle prend part à notre misère jusque-là... par compassion et aussi dans une offrande rédemptrice d'elle même.

Marthe Robin, au coeur de l'épreuve disait : «Je suis péché, je suis péché, ne m'approchez pas !» Comme Jésus suspendu au bois infâme de la Croix elle avait été identifiée au péché pour le salut du monde. Dans le transpercement du coeur de Marie sont contenus par compassion et parce qu'elle est elle-même une créature, toutes les nuits et les dérélictions qu'auront à traverser les hommes de tous les temps. Siméon, poussé par l'Esprit évoque ce refus de Dieu ancré au coeur de l'homme : *«Vois ! Cet enfant doit amener la chute et le relèvement d'un grand nombre en Israël ; Il doit être un signe, en butte à la contradiction, et toi-même, une épée te transpercera le coeur afin que se révèlent les débats de bien des coeurs.»* (Lc 2,34) Le refus historique de Jésus par ses contemporains rejoint ici notre propre refus de Dieu, qu'il soit conscient ou non. C'est cette rupture de communion profondément enracinée et cachée, ce péché de l'esprit que le transpercement du coeur va dévoiler, mettre à nu et enfin arracher.

D'autre part, si Marie n'a pas connu la corruption de la mort, c'est qu'elle était déjà morte mystiquement au pied de la croix, au moment où le glaive lui transperça le coeur. C'est pourquoi les Orientaux préfèrent parler de la dormition de la Vierge. Le mystique, lui aussi, en passant par la nuit de l'esprit, connaît ce genre de mort d'une façon peut-être moins complète puisqu'elle devra s'achever pour lui dans la mort physique mais qui, cependant, l'introduit dans une vie nouvelle qui est celle du Royaume présent au milieu de nous : *«Voici, je fais toutes choses nouvelles !»* (Ap 21,5).

Au terme de cette purification, il parvient à vivre en cette profondeur où désormais l'âme habite dans l'union parfaite avec son Dieu par transformation et ressemblance d'amour. Il est totalement identifié au Christ, il ne vit plus que pour répandre cet Amour fou dont il a été envahi. Il est transfiguré, sa personnalité même est grandie, exaltée, par l'emprise de l'Esprit, la plénitude de Dieu transparaît dans tous ses gestes, ses paroles. Le Saint rayonne la gloire de Dieu, tout en lui respire l'amour et dans son exaltation amoureuse, il emporte dans son sillage une multitude d'âmes !

> *«Ô âmes créées pour de telles grandeurs ! Ô vous qui êtes appelées à les posséder , que faites-vous ? A quoi vous occupez-vous donc ?"*
>
> (Cantique spirituel, saint Jean de la Croix)

Une touche de la nuit de l'esprit : l'épreuve du frère Gabriel M.

Septembre 1985 : Gabriel est assis, prostré dans la cuisine du monastère. Tous les frères sont au choeur. Il aurait envie de pleurer mais, rien, rien que ce vide absolu qui l'étreint. Il fixe... la lame du couteau qui est posé là sur la table. Elle jette mille feux, brillante et affûtée. Dieu qu'elle est fascinante... Et si je me tranchais la gorge ? Tout serait fini, je me dissoudrais dans le néant et ce serait comme si je n'étais jamais né. Une voix lui fait écho :
– Malheur à cet homme...il eût mieux valu pour lui qu'il ne fût jamais né ! Malheur ! – jamais né... Judas... Judas... la damnation...le péché contre l'Esprit.

Tout tourne dans la tête de Gabriel, il est pris d'un vertige, il court à l'évier pour vomir. Frère cuisinier arrive : – Eh bien, mon vieux, ça ne va pas ? Gabriel jette un regard effaré, s'essuie hâtivement et sort de la cuisine sans mot dire, à demi titubant, il se réfugie dans le cellier et là, dans l'obscurité, plaqué contre le mur il essaie de se ressaisir.

C'est ainsi que le père maître le découvre.

Tout avait commencé par une banale fatigue, quelques insomnies. Petit à petit, Gabriel ne se sentait plus capable de rien. Impossible d'aller au cours de théologie. Impossible de tenir au choeur. Impossible de se nourrir. Impossible en même temps de rester seul. Le père maître avait fini par faire venir le médecin du couvent qui, dépassé par les événements, l'avait orienté vers un psychiatre, lui-même y perdant son latin nous l'adressera...en désespoir de cause.

Fils aîné d'une famille nombreuse, Gabriel avait toujours été un enfant sage, agréable, disponible. Baignant dans un milieu chrétien, il s'était voué très tôt à Dieu, rendant mille services et menant une intense vie de prière.

A la fois réfléchi et enjoué, il montra vers l'adolescence, une tendance au perfectionnisme qui le rendait très exigeant vis-à-vis de lui-même... et vis-à-vis des autres.

Après avoir terminé de brillantes études dans une grande école à Paris, il choisit de se consacrer, au grand bonheur de sa famille et entra au monastère. Il est alors âgé de 23 ans.

Les cinq premières années de vie religieuse se passent bien. On le charge même de multiples responsabilités. Il entame en même temps sa formation de philosophie et de théologie dans la perspective de devenir prêtre.

Lorsqu'on nous l'amena, Gabriel était opposant, méfiant. L'expression de son visage témoignait de son abattement et de son découragement. Il répondait laconiquement aux questions. Il refusait toute forme de traitement. Après quelques jours, il commença à s'ouvrir davantage. Il nous livra qu'il était obsédé par la mort. Il sentait que quelque chose en lui s'était rompu, définitivement brisé. Il le sentait physiquement, au niveau de la gorge, et c'est pourquoi il ne pouvait plus chanter et de même au niveau du plexus solaire. Il avait l'impression que les médicaments – anxiolytiques – que le généraliste l'avait contraint à prendre lui avaient empoisonné les viscères. Sa tête lui était d'une lourdeur insupportable. L'atmosphère elle-même lui semblait étrange, comme opaque, ouatée, pesante. Il avait beau multiplier les efforts, il n'était capable de rien sinon de rester là, assis, figé, à ruminer ses pensées de suicide.

Après maintes tergiversations, on réussit à lui administrer un antidépresseur et un neuroleptique à faible dose qu'il prenait non sans réticence mais se soumettant, dans l'obéissance.

La "crise" dura environ neuf mois, et progressivement il s'intégra à la vie fraternelle. D'abord, dans les moments récréatifs, puis, il se mit à fréquenter de nouveau la chapelle sans qu'on soit obligé de l'y "traîner" comme auparavant. Précisons ici qu'il n'avait jamais cessé de communier, demeurant dans l'obéissance à son père maître qui le lui avait commandé.

Enfin, il se remet à sa table de travail, commence à compulser avec intérêt les livres de spiritualité. Tant et si bien qu'on peut le renvoyer dans son monastère en bonne forme, fin juillet 1986.

Son contact est de nouveau excellent, avenant, très chaleureux, gai, plein de projets et il est heureux de retrouver ses frères.

Au début de l'année scolaire 1986, il reprend ses études. Son discours est clair, profond, intense. Sa personnalité s'est comme affermie, il semble avoir abandonné sa tendance au perfectionnisme rigide, au profit d'une saine désinvolture qui sait prendre son parti de l'à-peu-près avec beaucoup d'humour. On perçoit chez lui une remarquable capacité d'écoute et d'ouverture, d'attention à l'autre ainsi qu'une très grande transparence.

Enfin, on lui demande à plusieurs reprises de commenter l'Evangile du jour à la messe, ce qu'il fait avec beaucoup d'onction, tant et si bien que les gens du village en sont tout remués !

En janvier 1988 son état est toujours aussi florissant.

Nous pouvons avouer maintenant que nous avons été très déconcertés lorsqu'on nous amena le frère Gabriel. Nous étions vraiment sur la réserve quant au pronostic car il nous fallait craindre le pire : peut-être un épisode inaugural d'une schizophrénie ou bien encore une première crise de mélancolie quasi délirante.

C'est pourquoi nous n'avons pas hésité à le mettre sous neuroleptiques et antidépresseurs. Nous ne le regrettons pas car ce traitement lui a peut-être permis de passer moins douloureusement cette épreuve.

C'est après-coup, compte-tenu de la transformation de Gabriel, que nous avons pu établir avec sûreté le discernement d'une nuit de l'esprit on plutôt d'une touche de nuit de l'esprit avec, bien sûr, une forte part de guérison intérieure. Nous parlons d'une "touche" car l'épreuve a été finalement relativement brève : une éclipse de neuf mois...le temps d'un enfantement. Et, sans présumer de l'avenir, on peut penser que Gabriel, s'il continue d'être fidèle à la grâce, pourra recevoir d'autres "touches" peut-être sur un mode entièrement différent jusqu'à sa transformation totale en Dieu.

V

FRANÇOIS DE SALES
ET
LA TENTATION DU DESESPOIR

Saint François de Sales, l'apôtre de la douceur et de l'amour de Dieu, connut le tourment de se croire damné alors qu'il était âgé de vingt ans.

Etudiant plus ou moins en cachette la théologie à la Sorbonne – son père ne tenait pas à ce qu'il devînt prêtre – il prit part aux discussions enflammées de ses congénères au sujet de la prédestination. En effet, Calvin semait le trouble : «Dieu, enseignait-il, ne crée pas tous les hommes en pareille condition, mais ordonne les uns à la vie éternelle, les autres à l'éternelle damnation. Ainsi, selon la fin à laquelle est créé l'homme, nous disons qu'il est prédestiné à mort ou à vie... Dieu a une fois décrété lesquels Il voulait prendre à son salut et lesquels Il voulait dévouer en perdition...» [1]. Un certain Baïus allait encore plus loin : «Tous nos actes sont empreints de cupidité – La charité, même exemplaire, peut s'allier avec la dette de la damnation éternelle !».

Et voici l'âme du jeune François plongée dans le doute et dans le désarroi : «Et si pour manifester sa justice, Dieu m'avait réprouvé !...» Un jour François de Sales, "l'ange du collège", c'est ainsi qu'on le surnommait, en enfer ! quelle ironie !.

Ces obsessions venaient se greffer comme par hasard sur un véritable surmenage intellectuel – si encore il avait pu s'ouvrir

1. Calvin "Institution de la religion chrétienne"

à quelqu'un... mais, non il gardait tout pour lui et l'amertume lui rongeait le coeur. A force de pleurer il semblait en agonie – cependant «il essayait de toucher le coeur de Dieu, soit pour être délivré de cette tentation, soit pour que, réconforté par Lui, il résistât courageusement dans la foi et qu'enfin l'espérance immuable qu'il avait placée en sa miséricorde ne fût pas trompée». Il trouvait parfois un peu de réconfort par la lecture des psaumes qui s'accordaient avec ses états d'âme.

Cette épreuve ne dura que six semaines mais elle fut si intense que François en perdit complètement le sommeil et devint tout «maigre et jaune comme de la cire» portant la mort sur son visage. A tel point que l'on craignit pour ses jours. Sans doute souffrit-il d'une décompensation hépatique sévère. Enfin, un soir de janvier, revenant seul du collège par les rues froides de Paris, il se précipite dans l'église Saint-Etienne-des-prés. Dans son désespoir d'enfant, il court tout droit vers sa divine Mère. Prosterné il lui ouvre son coeur, puis fait cette prière : «Quoi qu'il arrive Seigneur, quoi que vous ayez arrêté à mon sujet, au sujet de cet éternel secret de prédestination et de réprobation..., je vous aimerai et j'espèrerai *toujours* en votre miséricorde !...».

Admirable saut dans la confiance et l'abandon. Puis il attrape une petite tablette qui se trouvait là et se met à dire de tout son coeur le "Souvenez-vous" qui y était inscrit...

C'est à cet instant qu'il fut complètement délivré de ce tourment.

Il dira plus tard que Dieu ne permet des épreuves aussi terribles que lorsqu'Il a versé dans l'âme un amour assez fort pour les supporter.

***Je ne désire pas la mort du pécheur mais plutôt qu'il se convertisse et qu'il vive* (Ez 18,32).**

Plus tard, fort de cette expérience, il pourra enseigner aux autres que Dieu ne refuse le paradis à personne mais l'offre à tous pour le donner à ceux qui de bon coeur consentent à le recevoir. En effet, nous ne sommes prédestinés qu'à une seule chose : "au salut éternel". Saint Paul lui-même nous le dit : *Il nous a prédestinés en lui, dès avant la création du monde pour être saints et immaculés en sa présence dans l'Amour* (Ep 1, 4).

Tout le reste vient du mauvais : Dieu est innocent du mal, il ne saurait prévoir à l'avance nos chutes. Il reçoit chacun de nos refus comme autant de soufflets au visage comme Il reçut, les yeux bandés, ceux des soldats durant sa Passion : «Fais le prophète ! Dis-nous qui t'a frappé ?»... (Mc 14,65) et Dieu se tait, Il ne prophétise pas sur ces choses-là.

Mystère insondable de la prescience de Dieu qui semble se voiler la face lorsque l'iniquité se dresse contre Lui. Mystère d'Amour dont notre intelligence étriquée ne pourra jamais rendre compte.

Lorsque, trois ans plus tard, âgé de 23 ans, François se verra aux portes de la mort, suite à une épidémie de typhoïde qui sévissait parmi les étudiants de Padoue, il demeurera dans une paix extraordinaire, assurant qu'il ne voulait «rien d'autre que la volonté de Dieu, attendant sa miséricorde, avec indifférence de la mort ou de la vie» [1].

C'est ainsi qu'avec un certain sang-froid, il remit son âme à Dieu, et son corps... aux étudiants en médecine, pour éviter une de ces tueries qui ne manquaient jamais lorsque, détail scabreux, les étudiants allaient se servir de nuit dans les cimetières pour pouvoir étudier l'anatomie !

---

1. Francis Trochu, "Saint François de Sales", *Ed. Vitte. p. 161*

Saint François sortit de cette maladie comme par miracle et il put rentrer au bercail paternel pour affronter cette fois-ci un autre genre d'épreuve : la colère de son père qui ne voulait pas entendre parler de sacerdoce pour lui et à sa place, avait choisi une fiancée.

Toutes ces tribulations ne firent qu'enraciner François dans une paix de fond que rien ne pouvait plus ébranler. Et d'un tempérament qu'il avait, par nature, plutôt vif et coléreux, il devint doux et humble de coeur, à l'image de son Seigneur.

C'est ainsi qu'il pourra enseigner que l'on avance bien plus vite avec de l'amour et de la tendresse qu'avec de la sévérité et de la dureté. Cela ne sert de rien d'être négatif et critique : on n'attire pas les mouches avec du vinaigre. Mieux vaut révéler à quelqu'un ce qu'il porte de plus beau en lui que de lui parler toujours de ses défauts. Mieux vaut lui révéler la douceur et l'amour du Bon Dieu que de le faire marcher par la crainte. "Rien par force, tout par amour" sera sa devise.

Il devenait ainsi l'un des plus grands directeurs spirituels de tous les temps. Bien sûr, les mauvaises langues ne manquèrent pas d'insinuer qu'il manquait de fermeté. Pourtant, si son coeur débordait de tendresse pour ceux qui lui étaient confiés, jamais il ne souffrit de compromis avec le péché. Il en avait au contraire une conscience très aiguë.

Je pleure de ce que vous ne pleurez pas

Ainsi, un jour, il écoutait au confessionnal un pénitent indifférent et tiède qui débitait la liste de ses péchés sans l'ombre du moindre repentir. Saisi de contrition, il se taisait. Au bout d'un moment, l'homme se pencha et vit que le visage du saint prêtre était tout ruisselant de larmes. «Je pleure de ce que vous ne pleurez pas» s'entendit-il dire tout confus.

De même, avec sainte Jeanne de Chantal, que le Seigneur lui avait confiée tout particulièrement, était-il exigeant. Trouvant qu'elle portait des toilettes qui manquaient un peu de sobriété pour une jeune veuve décidée à ne pas se remarier, il lui demanda un peu sèchement lors d'une réception de "mettre bas l'enseigne" !

Il lui vouait pourtant une affection extraordinaire. C'est même l'une des plus belles amitiés spirituelles que l'hagiographie nous offre. Il lui confia un jour : «Depuis que je suis prêtre, le Seigneur m'a fait la grâce de ne presque jamais avoir de distractions, mais depuis peu, à l'autel, votre visage me revient à l'esprit, non pour me distraire de Dieu mais pour m'y attacher davantage». Admirable illustration de ce que peut être un véritable amour spirituel, qui ne détourne pas de Dieu, mais au contraire, y porte.

A la même époque vivait un petit frère carme, convers, inconnu, parfois même méprisé à cause de sa simplicité. Si différent qu'il fût de saint François de Sales, il eut à passer lui aussi par cet étrange tourment de se croire damné.

Un petit frère à la portée de tous : Laurent de la Résurrection

«Le frère Laurent, écrivait Fénelon, est grossier par nature et délicat par grâce. Ce mélange est aimable et montre Dieu en lui.»

Cet ancien laquais "lourdaud qui cassait tout" deviendra par la grâce de Dieu, un grand mystique qui dans sa simplicité de coeur ne risque pas de nous effaroucher. Il jouissait d'une intimité extraordinaire avec le Seigneur, ne cessant de lui parler, de lui confier le moindre de ses soucis quotidiens dans les plus basses tâches du couvent, qu'on lui réservait non sans un certain mépris. Et Dieu lui rendait familiarité pour familiarité, le prenant par la main pour le présenter à tous les saints du ciel, leur montrant ce petit frère Laurent, passé inaperçu sur terre et en qui il avait mis toutes ses complaisances et tout son amour.

Il était d'une telle simplicité que le problème de la direction de son âme ne s'est guère posé pour lui. L'ignorance qu'il avait de lui-même – il ne se regardait jamais – faisait qu'il était incapable de livrer sa vie intérieure. Mal à l'aise avec les personnes cultivées et brillantes qui d'ailleurs le trouvaient trop simple, il n'avait par contre rien de caché pour les humbles et les petits et il leur découvrait ingénument tous les trésors de Dieu.

Lui qui n'avait pratiquement jamais rien lu, lui qui était si naïvement tourné vers Dieu en tout ce qu'il faisait traversa une terrible crise de doutes et de craintes. Il eut comme une certitude qu'il serait damné, cela lui dura quatre années qui furent un véritable martyre. Personne ne pouvait le persuader du contraire.

«Il envisageait les péchés de sa vie passée, et cette vue lui causait de l'horreur et le rendait si petit et si méprisable à ses yeux qu'il se jugeait indigne des moindres caresses de l'Epoux ; cependant, il s'en voyait extraordinairement favorisé et dans le sentiment qu'il avait de sa misère, il se persuada qu'il était dans l'illusion. Son état lui parut si douteux, qu'il ne savait plus ce qu'il allait devenir. Par la suite il ne pouvait exprimer ces tourments qu'en les comparant à ceux de l'enfer.

Ses craintes et ses perplexités prirent une telle ampleur que son esprit fut comme "arrêté". Nous retrouvons là un des signes évocateurs de la nuit de l'esprit. Son âme était plongée dans des ténèbres si épaisses que ni du côté du ciel, ni du côté de la terre, il ne recevait aucun secours. C'est alors qu'il prit la généreuse résolution toute paradoxale d'endurer toutes ces peines "non seulement pour tout le reste de sa vie mais encore pendant toute l'éternité" : car, disait-il, il ne m'importe plus ce que je passe ou ce que je souffre, pourvu que je demeure amoureusement uni à sa Volonté, étant là toute mon affaire.»

C'est dans cette disposition de sacrifice total qu'il reçut un rayon de la lumière divine qui dissipa toutes ses craintes. Puisqu'il n'agissait en tout que pour Lui, il lui importait peu d'être damné ou sauvé, l'essentiel pour sa part était d'aimer Dieu plus que tout, il aurait au moins ça de bon jusqu'à la mort. Après cela, il ne songea plus ni au paradis ni à l'enfer mais qu'à se réjouir continuellement en Dieu dans l'instant présent, s'entretenant amoureusement avec Lui en toutes circonstances surtout dans les tentations et les aridités *et même dans les infidélités et le péché.*

Cette phrase est d'une importance capitale, car lorsque nous chutons, en général, nous rompons le dialogue amoureux, persuadés que nous sommes que ces deux contraires ne peuvent subsister ensemble. Or, Dieu nous aime jusque là, Il sait que nous sommes faibles et ce détournement que nous avons de Lui le peine bien davantage que la chute en elle-même.
Que le petit frère Laurent de la Résurrection nous apprenne à mettre jusque-là notre confiance en Dieu.

VI

MONSIEUR OLIER
OU
JUSQU'OU DIEU PEUT-IL
ALLER TROP LOIN ?

Quand Dieu intervient dans l'histoire, c'est toujours avec véhémence, celle dont le souffle balaie la vie de Job et en même temps avec un infini respect de la liberté. Ainsi l'incarnation du Verbe bouleverse d'une manière radicale et définitive l'histoire, non seulement d'une civilisation mais encore celle de la planète terre. Le christianisme a inventé l'amour-passion et couronné l'individu dans sa liberté découvrant paradoxalement le libéralisme au sens large du terme et l'individualisme. Le bien, pour être souverain, ne peut que laisser toute liberté au mal, l'amour pour être vraiment aimé ne peut que laisser toute liberté au refus d'aimer. La naissance de l'innocence de l'Amour entraîne une réaction de haine d'où le massacre des Innocents. Ce contraste que l'on rencontre dans les moments les plus purs de l'histoire des hommes où se manifeste le mystère d'iniquité, nous le retrouvons dans l'air pur et rare des sommets de la vie spirituelle. Les hommes et les femmes les plus libres, les plus vraiment humains dans leur liberté tels François d'Assise, Thérèse d'Avila ou Jean-Jacques Olier dont nous allons parler connaissent à la fois les grâces les plus surnaturelles, les dépassements les plus inouïs de la condition humaine et les combats, les débats avec ce qu'il y a de plus noir et de plus négatif en l'homme, affrontements dont ils sortent victorieux. En somme, celui qui a beaucoup reçu, il lui est beaucoup demandé, même si ce qui lui est demandé peut paraître excessif non seulement au commun des mortels mais aussi à la plupart des spirituels. Si, selon les Pères, tous les excès viennent des démons, l'excès d'amour vient du Christ et le tourment de la passion se joue et se poursuit dans toute la personne de ceux qui aiment Dieu jusqu'à lui être parfaitement unis dans sa mort et sa résurrection.

Je pleure pour toi

Pour beaucoup, Monsieur Olier a été un scandale, non vraiment une occasion de chute, plutôt un scandale pour l'intelligence. Comment Dieu peut-il permettre qu'un de ses intimes fasse ou semble faire l'expérience de la folie ? On a vu des saints lépreux mais des saints fous, l'Occident qui a sacralisé l'intelligence, parfois au mépris de l'esprit, ne peut se résoudre à un tel comportement de la part de Dieu. D'où la conclusion : cela vient de la nature. Quand on a dit cela, on n'a rien dit. La grâce se retirerait, divorcerait complètement de la nature d'un homme, en voie et pour Olier, en bonne voie de sanctification ? Son Père spirituel, le Père de Condren, qui fut le maître à penser Dieu, le maître à voir Dieu dans son humanité, l'abandonnera pendant cette épreuve. Condren ne pouvait penser que Dieu pouvait aller aussi loin dans son rapport avec l'humanité. Seule l'expérience peut nous le faire admettre. Ah les ravages de la Sagesse !

Cet abandon des plus chers, des plus proches fait partie du voyage.

Au XVIIème siècle, l'Eglise de France et particulièrement son clergé était dans une “grande pitié”. Les prêtres et abbés ne recevaient aucune formation, mais est-ce bien nécessaire pour percevoir des bénéfices ? C'est l'époque de la commende, mais c'est le temps où Dieu intervient et choisit ses soldats comme il le fit en un autre temps de grande pitié avec la pucelle d'Orléans dont le coeur fut retrouvé intact au milieu des flammes, quel symbole puissant ! De ses alliés, il exige tout. Olier avait connu une première et une seconde conversion, et progressait sous la conduite de saint Vincent de Paul. Pourtant qu'est-ce que la conversion ? Est-elle acquise une fois pour toutes ? Certes pas, elle est transformation de l'être jusqu'à l'union, jusqu'au mariage spirituel. Or, l'abbé de Pébrac en était encore fort éloigné. Dieu, pour le conduire à l'obéissance, afin que lui-même ramène un grand nombre à l'obéissance, se servit d'une femme. Merveilleux exemple de la beauté de ce mystère. La Vénérable Agnès, vierge, martyre d'amour de l'ordre de saint Dominique, vivait à deux pas de Pébrac où justement l'abbé ne se trouvait pas – c'était l'usage. La bienheureuse vierge reçut à quelque temps d'intervalle deux paroles du ciel, l'une de Jésus et l'autre de Marie. Rappelons que la grande sainteté d'Agnès ne fait aucun doute et que les faits extraordinaires qui fleurissent dans sa vie peuvent être considérés comme authentiques.

Elle reçut la première locution concernant Jean-Jacques Olier alors qu'elle désirait mourir pour rejoindre son Seigneur. Il semble qu'il lui fut accordé presque quatre années supplémentaires qu'elle consacra à l'enfantement d'Olier. Cette réponse de Jésus lui disait : «Tu m'es encore nécessaire pour une âme que je veux que tu m'obtiennes». Il semble qu'elle "connut" intérieurement la mission qui allait lui être confiée. Peu de temps après, la sainte Vierge lui apparut et lui dit : «Prie mon Fils pour l'abbé de Pébrac.» Un amour spirituel était né entre deux êtres qui ne se connaissaient pas et qui allaient s'avérer d'une fécondité extraordinaire. Agnès pria et fit pénitence avec beaucoup d'amour pour celui que Dieu voulait élever à un très haut degré d'amour. Il aurait pu se contenter de la vie que menait Olier avec saint Vincent de Paul qui attendait beaucoup de lui. Notons que saint François de Sales l'avait déjà remarqué alors qu'il était étudiant, mais Dieu voulait aller plus loin. Voilà pourquoi Il prépara, par des moyens extraordinaires, celui qu'Il éprouverait d'une manière extraordinaire. Trois ans plus tard alors qu'il faisait une retraite à Saint-Lazare, la belle et très pure Agnès lui apparut, accompagnée de son ange. Dans ses mains, elle portait une croix et un chapelet pour lui indiquer que son chemin passait par la croix et une grande dévotion à la Vierge Marie. L'ange qui, d'une main, tenait le pan du manteau d'Agnès, recueillait de l'autre les larmes de la sainte avec un mouchoir. Elle dit en lui présentant le chapelet et la croix : «Je pleure pour toi». Le coeur d'Olier en fut navré, amour et tristesse mêlés, comme on l'aurait dit aux heures les plus belles et les plus spirituelles de la courtoisie. D'ailleurs Olier prit la Dame pour la sainte Vierge. Il la revit très peu de temps après. L'abbé de Pébrac affirme l'avoir vue corporellement, il s'agit en fait de cas de bilocation et non d'une vision imaginaire puisque la sainte lui laissa sa croix et son mouchoir qu'il conserva précieusement. Selon une source sûre : «...en 1718, ce mouchoir était encore religieusement conservé à Saint-Lazare».

Aussitôt après sa retraite, Olier se rendit à Pébrac pour une mission. Il avait acquis la certitude que sa visiteuse devait être une sainte religieuse et non la Vierge et se mit à la recherche de la Dame. Il mène une véritable enquête et découvre qu'à deux pas de son monastère, vit une religieuse, dont la sainteté est réputée par toute la région. Au couvent de Langeac, la tourière le salue par son nom car la Mère a annoncé la visite «d'un grand serviteur de Dieu», l'abbé de Pébrac. Elle ne se présente pas au parloir mais lui fait porter, comme un gage, son chapelet, ce qui étonna fortement les religieuses. Maintes fois, il subit l'épreuve de la grille, mais il ne se lassa pas «tant sa ferveur était grande». Enfin, elle paraît voilée, Jean-Jacques lui demande de retirer son voile. «Alors donc, elle lui découvrit son visage, et bientôt après, son coeur ; et il ne se peut dire combien grande et combien sainte fut la consolation dont ces deux grandes âmes se comblèrent mutuellement.» [1] Elle lui découvre alors que Dieu le destine à jeter les premiers fondements des séminaires de France. Ce qui arriva : Olier fut non

1. Lantages "Vie de Mère Agnès de Jésus" T2 p 254

seulement un réformateur de monastères relâchés, un pasteur dont on a voulu souvent faire un évêque mais il est surtout le fondateur de Saint-Sulpice, le père de tant de prêtres qui allaient à leur tour ramener les brebis perdues par manque de soins et de nourriture.

Leur amitié sur la terre ne dura que neuf mois, intenses, certes, mais Olier, après six mois de missions en Velay, ne revit plus ce visage si beau parce que très pur, embrasé de l'amour divin et dont les yeux étaient, selon l'expression du Cantique des cantiques, semblables à des colombes. C'est dans une très grande solitude qu'il connut l'épreuve.

Les prodromes de la grande épreuve

La première crise de scrupules survient peu de temps avant son sous-diaconat :

Monsieur Olier avançait ainsi avec joie dans la pratique des vertus, lorsque Notre-Seigneur, qui avait choisi la croix pour le principal instrument de la sanctification de son serviteur, permit qu'il fût travaillé intérieurement de scrupules et de peines. Ces inquiétudes étaient de telle nature, que l'industrie de son confesseur ne les pouvait dissiper, quelque soumission qu'il trouvât dans l'esprit de son pénitent ; il fallait que celui-là même qui était la cause de son mal y apportât le remède, et c'est ce qu'il fit en lui donnant la pensée d'aller à Notre-Dame de Chartres : car il semble que toutes les grâces que Dieu lui voulait faire dussent passer par les mains de la Très sainte Vierge. Monsieur Olier fit donc ce voyage à pied et pendant les rigueurs de l'hiver, mais avec une dévotion si ardente et tant de fruits pour son âme, qu'arrivant à cette église, il fut entièrement affranchi des scrupules qui le tourmentaient.

Deuxième attaque des scrupules pendant la mission de 1636 .

Il fut travaillé de peines intérieures si grandes, que toutes les persécutions du dehors étaient peu de chose en comparaison des angoisses de son âme. Ces peines avaient déjà commencé au sujet d'une infidélité qu'il croyait avoir commise, laissant échapper l'occasion d'aller faire une mission dans les Cévennes. Cette infidélité lui parut considérable, au point qu'il ne cessa, pendant l'espace de trois ans, de gémir devant Dieu, et de lui demander, avec larmes, qu'il voulût réparer par sa puissance infinie le tort que ces pauvres âmes souffraient par ses infidélités.

Mais Dieu, pour le purifier davantage, ne faisait point paraître qu'il exauçât une prière si assidue et si fervente ; il traitait au contraire cette âme affligée avec une extrême rigueur. Il laissait son serviteur dans des obscurités et des aridités si grandes, qu'il semblait que tout fût perdu pour lui. Ainsi, pendant cette mission, Monsieur Olier n'avait de consolation et de grâce sensibles que très rarement : il ne servait son Dieu qu'en crainte et sécheresse et il ne se soutenait que par la pureté de la foi. [1] La mission est couronnée de succès.

Il faut noter que Jean-Jacques Olier venait de bénéficier de grandes grâces contemplatives. A la fin de cette mission, il tombe dans un état proche du coma, il ne réagit pas aux coups de lancettes que lui prodiguent les hommes de la faculté. Il semble perdu et attribue, quelque temps après, sa guérison subite à saint François de Sales.

La grande crise

Cette grande épreuve de Monsieur Olier pourra paraître déconcertante à beaucoup. Bien qu'il s'agisse incontestablement d'une nuit de l'esprit, il ne faut pas s'attendre à y

1. Giry "Vie de M. Olier"

retrouver, point par point, ce que saint Jean de la Croix nous décrit.

Autant de saints, autant de nuits différentes et nous allons voir que ces différences tiennent essentiellement aux tendances pathologiques sous-jacentes, dont nul n'est indemne, et que Dieu cherche à purifier.

Dans le cas de Jean-Jacques Olier, il paraît établi qu'il fut, dès l'enfance, marqué par une certaine fragilité nerveuse, bien qu'il soit en même temps très apprécié pour son esprit «extrêmement vif et pénétrant» [1].

«Au rapport de ma mère, écrit-il dans ses mémoires, mille et mille fois, j'aurais dû périr sans le secours particulier de Dieu, à cause d'une humeur violente et bouillante qui m'empêchait de regarder où je marchais ni où j'allais, si bien que, souvent, je roulais du haut des montées, je me blessais, je me heurtais de toutes parts et à tout moment» [2]. Il rapporte aussi un peu plus loin que dès qu'il omettait de consacrer un nouveau vêtement à la Vierge, le jour même ou le lendemain «il se perdait, se déchirait ou se brûlait» [3].

La tournure grammaticale est assez amusante car enfin ses vêtements ne se déchiraient, ni ne brûlaient pas tout seuls et là Monsieur Olier ne semble pas avoir pris de distance par rapport à sa naïveté d'enfant.

Son comportement, que l'on qualifierait de nos jours de "caractériel" ou d'"hyperkinétique", engendrait bien sûr l'agressivité de toute la maison contre lui et notamment celle de sa mère.

«On criait toujours après moi. Perpétuellement, j'étais rebuté, maltraité, affligé, battu, fouetté. Je n'avais pas un moment de repos auprès de ma mère.» [4]

1. "Vie de M. Olier", Faillon, p. 8
2. "Mémoires autobiographiques de M. Olier", t. 1, p. 112
3. "Mém. auto. de M. Olier", t. 1, p. 130
4. "Mem. auto. de M. Olier", t. 1, p. 419

Que sa mère ait été exaspérée, cela paraît compréhensible, mais soulignons que l'on rapporte aussi, de façon quelque peu laconique, qu'elle n'eut jamais pour lui la même affection qu'elle témoignait à ses autres enfants.

On imagine alors la souffrance du petit Jean-Jacques, compte-tenu de son extrême sensibilité. Dès lors ces traumatismes répétés, cette attitude auto-destructrice peuvent être interprétés comme autant de façons d'essayer en vain d'attirer l'affection de sa mère, autant d'équivalents dépressifs voire suicidaires : «je me souviens qu'étant tout jeune je tombai la tête la première dans une fontaine où je devais périr ; une autre fois je tombai sous la roue d'une charrette qui devait m'écraser et qui s'arrêta tout-à-coup» [1].

Tombe-t-on “par hasard” dans une fontaine, tête la première ou sous la roue d'une charrette en marche ?... Cela paraît peu probable !

Madame Olier était si contristée par le comportement de son fils que lorsque François de Sales, un jour, à la sortie de la messe, commença à bénir et embrasser ses enfants en les louant tous également, elle lui fit remarquer que Jean-Jacques, le plus jeune, n'était point sage et «tellement déréglé en ses déportements, qu'il donnait souvent à son père et à elle-même de pester contre lui». Alors le saint évêque répliqua : «Hé, Madame, un peu de patience et ne vous affligez pas car Dieu prépare en la personne de ce bon enfant un grand serviteur de Son Eglise».

Jean-Jacques était donc un enfant hyper-nerveux, très blessé par sa mère, en dépression latente.

Dès l'enfance, apparaît aussi le paradoxe qui tournera pour lui en dilemme et sera l'objet de son principal combat : d'un côté il est déprécié, honni par son entourage, traité de bon à rien et d'un autre côté, ses éducateurs vantent son intelligence,

---

1. “Mém. auto. de M. Olier”, t.1, p.112

sa finesse d'esprit, Monseigneur François de Sales lui-même lui prophétise un avenir de saint.

Jean-Jacques, toute sa vie, sera perturbé par cette double image contradictoire qu'on lui renvoie de lui-même et il cherchera vainement à se forger une brillante personnalité ; c'est ce qui sera à la source des persécutions qu'il endurera.

Henri Brémond, dans ce qu'il rapporte sur Monsieur Olier, en parle comme d'un neurasthénique qui connaîtrait des phases de surexcitation et de dépression. Cette interprétation des engouements et des désespoirs de Monsieur Olier peut être judicieuse.

Il s'agirait alors d'un terrain cyclothyme, séquelle de son enfance caractérielle, comme cela se voit fréquemment. Fragilité sous-tendue, non seulement par les traumatismes affectifs que nous avons vus plus haut, mais sans doute aussi par une déficience organique métabolique héritée.

Au moment de la grande crise intervient providentiellement, sur cette fragilité nerveuse, le changement de directeur spirituel, tel que l'avait demandé Mère Agnès de Langeac de la part de Dieu : Jean-Jacques Olier quitte saint Vincent de Paul pour remettre son âme entre les mains du Père de Condren qui, il le savait, serait beaucoup plus exigeant. C'est sans doute ce qui précipitera la survenue de cette grande crise qui dura deux ans.

Jean-Jacques Olier avoue lui-même qu'il avait beaucoup de peine à comprendre la doctrine et le programme de sainteté enseignés par le Père de Condren. De plus, il quittait saint Vincent de Paul qui le tenait pour quelqu'un d'avancé dans les voies spirituelles, pour un directeur qui était beaucoup plus froid et réservé quant à lui, et qui, en quelque sorte, lui a fait revivre en maintes occasions le rejet et le mépris qu'il avait endurés de la part de sa mère.

Lorsque le Père de Condren l'associa à la compagnie, Monsieur Olier était «entouré de l'estime et de la vénération universelles. Le bruit de ses travaux apostoliques, la sainteté de sa vie, sa naissance même, lui avaient attiré une estime si grande, qu'elle était pour lui une sorte de martyre. Sans cesse il avait à combattre la vanité et toutes les saillies de l'orgueil».

La crise, d'abord toute morale, aurait donc commencé par des tentations d'orgueil extrêmement violentes. Ainsi l'expliquent Monsieur Olier et ses biographes. Mais ils ne prennent pas garde que, ces tentations elles-mêmes, c'est la neurasthénie commençante qui les a fait naître, ou du moins qui leur a donné une acuité aussi imprévue. En proie à l'obscure détresse d'une pensée et d'un organisme qui se voient sur le point de chavirer, Monsieur Olier s'accroche désespérément à toutes les raisons qu'il peut trouver de se magnifier à ses propres yeux. Aux menaces, aux premiers indices de la dissolution qui le guette et déjà l'entame, il oppose l'insigne réputation que lui ont méritée ses premières prouesses de jeune converti, il oppose l'avenir glorieux qui lui a été promis. Arc-bouté à ces souvenirs réconfortants, il semble défier l'obsession qui de plus en plus le paralyse. Lui, si humble, si effacé jusque-là, il se redresse, il renverse fièrement la tête, il parle haut, il prend des airs avantageux. Plus il éprouve le besoin de s'affirmer, plus il s'entraîne à des mouvements tout contraires. Soit deux exaltations également morbides, et qui, en se combattant l'une l'autre, achèvent de l'épuiser. [1]

C'est ainsi que, petit à petit, Monsieur Olier va se trouver dépouillé des fonctions les plus élémentaires, comme le simple fait de se nourrir ou simplement de marcher.

La parole, qu'il avait auparavant très facile, devient incohérente et meurt sur ses lèvres, surtout en public où il se met à balbutier comme un pauvre niais. Sa mère disait de lui qu'on l'aurait cru idiot ou même fou.

Progressivement, il ne peut même plus sortir seul sous peine de perdre son chemin. Pire encore, il ne sait plus marcher et mettre un pied devant l'autre lui devient un exploit difficile-

1. Brémond, "Histoire du sentiment religieux", t. 3, p. 437

ment surmontable : «J'étais toujours prêt à tomber, j'étais comme les pauvres ivrognes».

Enfin, il ne sait plus comment on mange, il met des heures entières pour écrire deux ou trois lignes et encore "tout de travers".

Tant et si bien, qu'on finira par lui interdire de pratiquer tout ministère y compris celui de la confession sauf en cas d'absolue nécessité.

Certains biographes de Monsieur Olier interprètent cette grande crise comme une intervention divine directe. Cela nous paraît quelque peu spiritualisant. En effet, puisque Dieu se sert ordinairement de la nature, des causes secondes, pourquoi ne se serait-il pas appuyé sur ce qui était la faiblesse nerveuse constitutive de Monsieur Olier pour le faire grandir dans les voies de l'humilité et de la sainteté ?

Ce qui est très édifiant et, sans aucun doute, un effet de la grâce, c'est la manière dont Monsieur Olier va vivre cette épreuve : pas l'ombre d'une révolte, d'un ressentiment, d'une aigreur : «Je croyais être réduit à tout jamais à cet état et souvent, je me suis offert à Dieu de bon coeur, pour perdre, s'Il le voulait tout à fait, l'esprit et devenir fou».

***Je suis devenu un objet de dérision pour tous et le sujet de chansons.* (Lm 3, 14)**

Il devient la fable de tout Paris : le roi, le cardinal de Richelieu, les évêques se moquent ouvertement de lui, on joue même de petites pièces comiques écrites à son sujet.

Ce qui lui fait perdre le plus de crédit auprès de ces Messieurs, c'est ce port et cette contenance arrogante qu'il ne peut s'empêcher de prendre, sorte de tentative désespérée de sauver la face aux yeux du monde mais qui ne le rend que plus ridicule.

On peut imaginer qu'il eut des troubles de comportement encore plus graves car le Père de Condren lui-même en vint à désespérer de lui : «Les rapports qu'on lui faisait de mes déportements l'obligèrent à me délaisser et ne faire plus compte de moi».

Au coeur de tous ces troubles, Monsieur Olier éprouve ce qui est classique dans la nuit de l'esprit : la réprobation et le rejet de Dieu. Le nom même de Dieu lui devient insupportable et il se complaît dans des pensées sur l'enfer comme lieu qui lui est destiné.

Le Père de Condren meurt avant que Monsieur Olier ne sorte de sa crise, il n'en sortira d'ailleurs que progressivement et lentement, non sans rechutes, à partir d'une forte grâce reçue à Chartres, grâce pendant laquelle Dieu lui donna une lumière sur les racines profondes de l'orgueil.

Ce qui est certain, c'est qu'au travers de cette décompensation psycho-pathologique, Dieu avait transformé Jean-Jacques Olier : tous s'accordaient à dire qu'il n'était plus le même et qui mieux est, il rayonnait de la pensée de son maître Charles de Condren. Ce qu'il n'avait jamais pu apprendre par les livres, il l'avait assimilé dans le creuset de l'épreuve et il le possédait d'une manière infuse.

Il va sans dire qu'à partir de cette époque sa fécondité apostolique connaîtra un essor remarquable jusqu'à sa mort, même si les croix et les persécutions ne lui manquèrent pas. Il est repris vers la fin de sa vie de diverses maladies mais qui n'ont pas ce caractère de névropathie : coliques néphrétiques, terribles maux de têtes, insomnies épuisantes, et enfin, un accident vasculaire cérébral qui le rend hémiplégique du côté gauche.

Au milieu de cette souffrance physique, il est repris de peines intérieures, il se sent complètement délaissé par Dieu et par la sainte Vierge, il ne peut même plus en parler. Cette épreuve semble très pure, très proche de ce qu'en a décrit saint

Jean de la Croix : on peut dire de lui comme de la petite Thérèse «C'est une agonie sans mélange».

Il meurt à 48 ans des suites d'un second accident vasculaire cérébral, un lundi de Pâques, comme il en avait eu la révélation, assisté par saint Vincent de Paul à qui il était toujours resté fidèle.

Entre autres choses extraordinaires dont sa mort fut accompagnée ou suivie, on remarqua sur son front la forme d'une croix qui, depuis plusieurs années, s'y était imprimée, de couleur rouge, comme enflammée. Malgré le soin qu'avait le serviteur de Dieu de cacher cette faveur en ne découvrant jamais son front, plusieurs de ses familiers s'en étaient aperçus auparavant.

Les rumeurs de sa sainteté commencèrent à courir et plus de deux cents ecclésiastiques assistèrent aux obsèques.

De multiples témoignages de guérisons et de conversions affluèrent : Monsieur Olier avait le don de lire dans les coeurs et de les libérer. Beaucoup avaient été favorisés de guérisons physiques, soit par son intercession, soit lorsqu'il leur administrait l'extrême-onction. Ces guérisons étaient toujours accompagnées de progrès spirituels. Ce charisme continua d'ailleurs de s'exercer après sa mort car beaucoup de grands malades furent guéris devant son tombeau ou par ses reliques.

L'un des récits de guérison les plus attachants est celui de la mère de Saint-Gabriel qui était atteinte de «grands crachements de sang». On sait maintenant ce que cela signifie : une tuberculose avancée et l'issue fatale dans de grandes souffrances.

On lui faisait des saignées au pied et toutes sortes d'autres traitements plus ou moins barbares qui n'avaient aucun effet. Lorsque Monsieur Olier, qui était venu la visiter, la vit dans cet état, il fut saisi de compassion et lui dit tout bonnement : «Ma fille, je vous défends de cracher le sang davantage, non vraiment, je ne le veux pas». Elle fut guérie dès cet instant et vécut une vingtaine d'années par la suite sans plus aucun problème pulmonaire.

Mais, plus encore, ce qu'elle retint de Monsieur Olier, c'était une sorte d'effluve de grâces, d'effusion du Saint-Esprit que toutes les personnes qui avaient la chance de l'approcher et de s'entretenir avec lui, pouvaient expérimenter : «On en était tout pénétré et comme embaumé, non seulement pendant le temps de l'entretien, mais encore pendant des mois entiers pendant lesquels on eut désiré ne s'occuper que de Dieu seul».

Elle ajoute qu'en lui parlant, elle avait plusieurs fois été délivrée de défauts dont elle ne lui avait rien dit et sans que de son côté elle eût à faire aucun effort pour les détruire. Il est probable que Monsieur Olier avait pris sur lui l'ascèse et le combat qu'il lui aurait fallut exercer pour en être libérée. Quelle délicatesse d'âme !

On trouve aussi chez lui des accents qui peuvent évoquer, deux siècles plus tôt, l'esprit d'enfance et d'abandon que la petite Thérèse eut pour mission de révéler au monde moderne.

Extrême docilité aux mains de tous ses médecins qui, on le sait, avaient des pratiques qui n'étaient pas toujours des plus tendres (coups de rasoir, fléchettes, saignées, etc.). Toujours joyeux et trouvant des mots affectueux pour ceux qui l'entourent, alors qu'il est plongé dans les plus grandes souffrances physiques et parfois même intérieures au point que saint Vincent de Paul lui rendant visite pourra dire de lui : «J'admire cette tranquillité, j'estime comme une merveille de voir un homme rempli de tant de joies au milieu des accablements que cause une telle maladie» [1].

A quelqu'un qui venait de lui prédire quel genre d'agonie il allait vivre jusqu'à la fin, il répondit sans hésiter : «Je serai content d'être dans l'état où Dieu me voudra, je ne désire ni ne veux autre chose».

Une fois cependant, on le vit abattu dans les derniers jours de sa vie : c'est qu'il n'avait pu recevoir le Corps de son Seigneur et il en était tout affligé. Le lendemain, il put

1. Bretonvillers "Vie de M. Olier", t. 2, p. 419.

communier et de nouveau, son coeur se mit à déborder de joie et de douceur pour tout un chacun.

Ses derniers mois furent remplis des visites du Seigneur et de la Sainte Vierge qu'il aimait d'un amour de prédilection. Il lui faisait des pèlerinages autant qu'il le pouvait, compte tenu de la dégradation de sa santé et, une fois qu'il s'était rendu sur son ordre à Notre-Dame de Moulin, il la vit, toute remplie de gloire, elle l'embrassa et lui dit : «Dorénavant, tu seras tout à moi». Il faut dire qu'il s'était consacré à elle dès son plus jeune âge, vivant ainsi en précurseur la spiritualité de saint Louis Marie Grignion de Monfort.

Il avait pour elle un si grand amour qu'il n'hésitait pas à lui faire de somptueux cadeaux. Ainsi, il lui fit couler une magnifique médaille en or sur laquelle il grava l'image du séminaire de Saint-Sulpice afin qu'elle le protège et qu'elle fasse de tous ses futurs prêtres, de grands saints. En même temps, il se ruinait pour les pauvres, distribuait son argent et même ses vêtements sans compter, à tel point qu'on l'avait surnommé le «père des pauvres», titre que l'on réserve d'ordinaire à la personne du Saint-Esprit, dispensateur de tout don : *Pater pauperum*.

Il faut dire que toute sa jeunesse de prêtre, il l'avait passée à catéchiser les plus pauvres, au grand scandale de sa famille qui trouvait la tâche indigne de lui.

Il était aussi plein d'humour et un jour qu'il se rendait au tombeau de la mère Agnès de Langeac en se traînant lamentablement sur sa canne, car la moitié de son corps était inerte, paralysé, comme mort, il dit en souriant à une jeune soeur qui le croisait : «Vous voyez, ma soeur, comme je suis, eh, c'est la mère Agnès qui m'a fait ce beau tour-là !». Heureusement, elle ne lui avait pas laissé que des souffrances et des croix, elle lui avait délégué son propre ange gardien qui, jamais, ne se sépara de lui. Il le vit plusieurs fois et comprit que cet ange était non seulement pour lui mais pour toute l'oeuvre des séminaires de Saint-Sulpice.

Enfin, au moment même de sa mort, comme une confirmation mystérieuse de ce qu'avait été sa vie, il apparut à une personne qui lui avait été très unie : il était revêtu d'une robe de pourpre et avait à ses côtés un de ses compagnons qui prononça ces paroles : «Il est martyr *et plus que martyr*».

Malgré tous ces témoignages rendant compte de sa grande sainteté, beaucoup gardèrent à son égard une extrême réserve à cause de cette fameuse "crise" qui avait insinué le doute autour de lui.

Le Seigneur permit qu'il fût humilié jusque-là et que jamais, ni de son vivant, ni après sa mort, il ne fût complètement réhabilité. Cette "mise à l'index" dure encore : qui connaît Monsieur Olier ? Toutes les tentatives de procédures de canonisation n'ont pu jusqu'ici aboutir, y compris celle qui avait été demandée par les évêques de France et du Canada. C'est, il faut bien l'avouer, qu'on a honte de Monsieur Olier, aussi, le cache-t-on soigneusement, alors qu'il s'agit purement et simplement d'un saint de la trempe d'un saint Vincent de Paul ou d'un saint Jean Eudes qui vécurent à la même époque.

Certains essayèrent de sauver la face en ne dévoilant pas tout et de fait, nous n'avons rien de bien précis en ce qui concerne les «rapports qui étaient faits sur ses déportements».

En même temps la majorité de ses biographes – partisans spiritualisent à outrance cette fameuse grande crise et tentent de n'y voir qu'une intervention divine directe, à l'instar de Monsieur Olier lui-même, qui, bien sûr, ne pouvait avoir le recul suffisant pour juger de la chose, bien qu'il voulût volontiers admettre qu'il s'agissait aussi d'un combat mené contre sa chair, contre sa faiblesse psychique, comme le lui suggéra le Père de Condren à plusieurs reprises.

Ces deux attitudes sont extrêmes : il ne s'agit ni d'une maladie mentale pure ni d'une intervention directe de Dieu.
Il s'agit de Dieu se servant d'une faiblesse sans doute héritée et aussi acquise par de multiples souffrances affectives, pour amener quelqu'un à la sainteté. Il s'agit de l'emprise de Dieu

dans un psychisme fragile qui se met à décompenser de la manière qui lui est la plus naturelle comme c'est, somme toute, presque toujours le cas.

Au plan psychiatrique pur, que peut-on discuter devant un tel tableau ?

Une décompensation hystérique ? Certains éléments pourraient y faire songer. Cette inhibition progressive de toutes les fonctions les plus élémentaires, avec l'ostentation qui s'y mêlait, peut l'évoquer. Imaginons un peu l'effet que devait produire Monsieur Olier, titubant dans les rues de Paris, tel un ivrogne, puis redressant le col fièrement lorsqu'il croisait quelqu'un et lui adressant quelques mots mondains et prétentieux.

Il y a en tout cela quelque chose de clownesque et en même temps de terriblement désespéré.

Nous y verrions plutôt l'effet d'un état mixte maniaco-dépressif avec les éléments de forte inhibition intellectuelle, la perte des habitudes les plus élémentaires et en même temps les troubles du comportement empreints d'une certaine facticité.

Ce qui a trait à la manie (ou plutôt à l'hypomanie) : orgueil démesuré, propos déplacés mégalomaniaques n'est, en fait, qu'une tentative désespérée de lutter contre la dépression envahissante, contre l'anéantissement du moi.

Un hystérique aurait eu sûrement plus de talent et n'aurait pas déclenché une telle hostilité générale. Certains au moins se seraient laissés prendre à son jeu.

C'est pourquoi nous penchons plutôt vers la deuxième hypothèse, d'autant plus que le tempérament cyclothymique mentionné par Brémond s'y prête bien.

Si on analyse maintenant les choses au plan spirituel, il va sans dire qu'il demeure encore chez Monsieur Olier au moment de sa grande crise, un noyau profond d'orgueil qui a besoin d'être purifié. Il n'est pas anodin que sa décompensation commence par de fortes tentations d'orgueil touchant à ce qu'il est bien né, brillant, etc.

«Lui si humble et si effacé jusque-là» dira-t-on de lui. Il s'agissait sans doute d'une humilité d'exercice qui n'est pas dénuée de valeur en soi mais qui n'a rien à voir avec une véritable humilité spirituelle.

L'orgueil n'est qu'une illusion

Or, si l'on considère ce qu'est l'orgueil, intrinsèquement, il est manifeste qu'il est sous-tendu par une profonde illusion :
– illusion de pouvoir se passer de Dieu, d'être indépendant, d'être quelqu'un par soi-même ;
– illusion d'une soi-disant supériorité sur d'autres ;
– illusion de pouvoir contrer Dieu d'égal à égal (c'est l'illusion de Lucifer) ;
– illusion du désespoir… qui est une forme ultime d'orgueil.

Le contraire de cette illusion, c'est-à-dire, l'entrée de plein-pied dans le réel, c'est la prise de conscience de notre misère ; la prise de conscience de ce que nous ne sommes capables d'aucun bien par nous-mêmes, sans la grâce de Dieu. C'est ce qu'expérimentera profondément Monsieur Olier dans sa nuit.

De l'illusion à la folie, il n'y a qu'un pas, une différence de degré tout au plus. Dans les manuels de psychiatrie, on trouve définie la psychose comme la perte du contact vital avec la réalité. L'aliéné vit dans un monde illusoire. Son illusion est plus grotesque apparemment et caricaturale que celle de notre orgueil mais, vu de Dieu, qui est le plus fou ?

Pour nous purifier Dieu fait surgir et paraître au grand jour notre tendance profonde. Il ne faut point s'étonner alors de ce que nous passions parfois de l'illusion de l'orgueil à une certaine forme de pathologie psychiatrique.

Les différentes modalités de manifestations psycho-pathologiques tiennent à notre passé, à la manière unique dont nous avons réagi jusqu'ici, dont nous avons accueilli ce qui nous était proposé, instant après instant, et aussi à notre hérédité. La contingence humaine va jusque-là.

C'est pourquoi tout peut se voir au cours d'une nuit de l'esprit depuis l'émergence de symptômes névrotiques invalidants : obsessions, scrupules, phobies, comportements hystériformes, jusqu'au dévoilement d'un noyau psychotique de la personnalité qui se traduira soit par un délire de persécution, d'interprétation, soit plus profond encore par une incohérence de la pensée, un repli sur soi etc.

Toutes les manifestations caractérielles de révolte, d'agressivité, de régression avec intolérance aux frustrations peuvent aussi se voir.

De quoi être troublé, pour l'entourage, bien sûr ! Tant que l'on n'a pas fait l'expérience de ses propres fragilités, on ne peut avoir que mépris pour ceux qui sombrent dans cette pathologie.

Il nous faut révolutionner notre manière de voir, d'appréhender l'être humain et son chemin de sainteté. Deux postulats fondamentaux s'imposent ici : premièrement, la folie est une possibilité d'existence de tout être humain depuis le péché originel; deuxièmement, personne ne peut se dire équilibré au point d'être à l'abri d'une décompensation psycho-pathologique. Il n'y a pas de barrière entre hommes sains et déséquilibrés sinon celle que nous avons érigée par la peur. Le passage de l'équilibre au déséquilibre mental se fait au cours de circonstances extrêmes : névroses et psychoses de guerre sont là pour le prouver.

L'emprise de Dieu peut, elle aussi, être mise au rang de ces circonstances "extrêmes". C'est d'un extrême positif qu'il s'agit, une lumière trop intense disent les mystiques, que le psychisme humain et pécheur ne peut soutenir sans en être ébranlé.

Une fois que nous est acquise la certitude que nous aussi peut-être nous ne ferons pas l'économie d'un passage par la déréliction d'une forme ou d'une autre de la folie, nous devenons beaucoup plus compréhensifs, accueillants à la souffrance de l'autre sans le cataloguer, le psychiatriser, l'enfermer dans un diagnostic qui grève sur lui un soupçon qui ne s'effacera pas, comme ce fut le cas non seulement pour M. Olier mais pour bien d'autres (le frère Albert, le Père Surin etc.).

Si l'on en revient à ce noyau d'orgueil qui est à purifier, il nous faut ajouter qu'il l'est, non seulement d'une manière personnelle, en ce qui concerne notre propre péché, mais aussi d'une façon plus universelle, rédemptrice. C'est ce que Jésus lui-même a vécu pour nous.

Jésus revêtu de la robe de la folie

En effet, Jésus a subi de profondes tentations d'orgueil : les trois tentations au désert, si on y regarde de près, sont d'une manière plus ou moins déguisée des tentations d'orgueil.

L'assaut du démon à Géthsémané correspond, elle, à une oppression / obsession d'orgueil sous la forme de désespoir, de déréliction, de sentiment d'inutilité et d'absurde.

Jésus s'accroche littéralement à la volonté du Père pour surmonter ces tentations. De là, la force du combat qui se vit en Lui. L'oppression dont Il est l'objet est si intense, psychologiquement, spirituellement et physiquement que son âme "commence" à se séparer de son corps.

A Géthsemané lorsque Jésus dit : «Mon âme est triste à en mourir», ça n'est pas une figure de style. C'est que la tristesse qui est entrée en Lui, la douleur morale pourrait-on dire est si forte qu'elle pourrait réellement le faire mourir.

C'est à cet instant que son âme commence à se séparer de son corps : c'est pourquoi il s'agit véritablement d'une agonie. D'ailleurs comme signe de cette division ultime de l'âme et du corps, nous avons la sueur et les larmes de sang : la transsudation du sang au travers des pores, telle des grumeaux marque bien l'ex-pression – au sens littéral – de l'être tout entier. De là aussi la richesse de symbolisme du jardin des oliviers comme lieu-même du pressoir.

Mais, de fait, ce que propose Satan à Jésus, au coeur du combat de Géthsémané, n'est qu'illusion :
– ton sacrifice sera vain
– une multitude crachera sur Toi et sera damnée
– enfin, tentation suprême : C'est à cause de Toi que beaucoup seront damnés (nous faisons allusion ici à ce que rapportent bien des mystiques telle Anne-Catherine Emmerich).

La folie est ainsi aux portes. Pourtant le psychisme de Jésus est parfait, sans faille aucune.

Pour ce qui est du commun des mortels, le passage par l'agonie peut amener à "tomber" dans la folie car notre psychisme a ses failles à lui.

Pourquoi l'Eglise a-t-elle eu toujours peur que ses saints passent par l'épreuve de la folie ? A telle enseigne que si l'avocat du diable établit avec sûreté qu'il y a eu folie, la canonisation du saint s'en trouve compromise.

Heureusement, tout n'est pas dévoilé et il est beaucoup de saints qui sont passés au travers du crible de notre soi-disant sagesse.

De même que c'est une exigence de l'esprit du monde moderne que d'être parfaitement intègre du côté psychique, pour être pris au sérieux. Autrefois, l'on faisait moins d'histoires.

Le fou est le pestiféré du monde moderne. A tel point qu'on le parque, comme on parquait jadis pestiférés et lépreux, dans un univers concentrationnaire.

Pas une entreprise ne recrute sans test psychologique...et bien des congrégations religieuses suivent...

C'est que dans un monde marqué par le rationalisme jusqu'à l'idolâtrie, la folie fait peur. Pourtant, la folie ne s'oppose pas à la sainteté. Au-delà du salut des âmes c'est la sainteté qui devrait nous préoccuper : que tous anticipent dès cette terre, malgré leur misère, la gloire que Dieu leur a préparée depuis la fondation du monde, voilà quel devrait être notre principal souci.

La sainteté est communicative. Telle une traînée de poudre, un saint entraîne une multitude de saints à sa suite. Mais hélas la médiocrité et la pusillanimité sont aussi contagieuses. Elles ont dispensé leur venin durant ces dernières années dans beaucoup d'ordres, dans le clergé lui-même et dans le laïcat.

Faute de pères spirituels véritables... Faute d'avoir su se démarquer de l'esprit du monde ambiant, on en est venu à trouver suspecte la moindre trace de pathologie dans une âme, la freinant ainsi dans son ascension vers Dieu.

Il faut dédramatiser cet aspect psycho-pathologique que peut prendre tout cheminement spirituel à un moment donné, savoir qu'il est normal d'en passer par là, savoir rassurer l'entourage et le "patient" lui-même, puisque le tout est de tenir bon, de demeurer fidèle dans le don de soi jusqu'au bout de l'épreuve.

La névrose, il est vrai, peut s'opposer à la croissance spirituelle donc à la sainteté en tant qu'elle permet un petit équilibre, un modus vivendi bien confortable dans lequel on s'installe. C'est pourquoi Dieu permet des décompensations. Il faut que ce petit équilibre s'effondre pour que la puissance de la grâce puisse envahir notre être tout entier.

Il ne faut pas avoir peur de ces décompensations. Dieu les dose savamment, non pas tant en mesure de ce que nous sommes capables d'accueillir mais plutôt en mesure du degré d'amour auquel Il veut nous conduire. Tout dépend de ce degré d'amour et aussi de la réponse que nous avons apportée jusque-là aux sollicitations de la grâce ainsi que de nos propres initiatives amoureuses envers Lui. C'est pourquoi, il nous semble souvent que Dieu aille trop loin pour nous-même... et pour les autres.

Dieu a choisi Jean-Jacques Olier, c'est une évidence, les grâces mystiques dont il fut comblé le démontrent, les fruits de son apostolat, tant dans sa paroisse que dans la fondation des séminaires, témoignent d'une sève, montée d'ailleurs : *«Je suis le cep, vous êtes les sarments, sans moi vous ne pouvez rien faire»* (Jn 15). Le témoignage de ses contemporains et parmi eux, de grands saints, atteste qu'il fut distingué par Dieu. Jamais des dons naturels, même exceptionnels, ne sauraient égaler le degré d'héroïcité de ses vertus.

Dieu a-t-il choisi un malade ?

Certains biographes de M. Olier tentent d'excuser Dieu pour sa rudesse, d'autres tentent d'excuser Olier : c'était un malade – quoi de plus honteux qu'une névrose, la moderne lèpre ? – mais malgré sa maladie il se sanctifia. Chacune de ces propositions pèche d'une manière grave. Dans le premier cas, Dieu se servirait d'un sujet sain et pour le purifier, recréerait tous les symptômes d'une maladie grave. Dieu auteur d'un mal ! La question est plusieurs fois posée par Job. Dans le second cas, on nierait l'action purifiante de Dieu, au coeur de la pathologie. En fait la grâce, l'action surnaturelle de Dieu a cohabité avec la maladie. Cette deuxième proposition est juste dans biens des cas et le reconnaître constitue un pas immense dans l'acceptation de tout homme dans sa beauté, faible et si fragile et tant aimé de Dieu.

En ce qui concerne Olier Dieu choisit non pas un malade déclaré mais un malade potentiel. Comme nous le sommes tous ! Voilà ce qu'il nous faut reconnaître, que les saints puissent avoir des névroses et même des psychoses certes, mais plus encore que l'homme est fondamentalement blessé et que ces blessures, Dieu *permettra* qu'elles deviennent failles béantes pour la purification de celui qu'il a choisi et le bien d'un grand nombre. En fait, jamais le dialogue ne cesse entre Dieu et sa créature chérie. Jamais ses amis ne sont purement et simplement prisonniers d'une maladie et de son pronostic pas plus qu'ils ne sont prisonniers de la volonté de Dieu sur eux. Il nous faut absolument sortir d'un schéma anthropologique fermé, l'homme est ouvert sur l'infini. Aucune cage ne saurait l'enfermer.

VII

LA PIETA
OU
LE POIDS DE DIEU

Ton corps déposé dans mes bras
A la faveur de la nuit
Tes bras muets qu'éblouit
La pâleur consternée
Abandonnés tes bras
Dans d'autres bras que la mort a bleuis
Dieu vidé de Dieu déposé dans le creux
Que lui-même a creusé entre mes bras croisés
Vraiment croisés je veux dire en forme de croix
Que lui-même a croisés
Pour y enclore sa tête et conclure un baiser
Dans l'ouverture de mes mains que lui-même a blessées.

Je n'attendais pas sa visite mais l'heure du dépassement d'attendre envahissait la claire obscurité que je nomme faveur de la nuit.

Son corps déposé dans mes bras a la splendeur d'un fruit qu'a mûri la chaleur de l'été
Et mon bonheur d'aimer est si grand
Que le temps au bord de l'aube
Se retient de passer.

Et dans le matin calme
Des chants d'oiseaux multipliés
Ils ne sont ni de jour ni de nuit
Ils sont de feu de la ramure de ses bras
Et boivent l'or du sang de Dieu
Dans la coupe de ses mains éblouies.

La pesanteur de la grâce

Le Samedi saint est comme une harmonique de la passion, un son paisible qui prolonge le plus beau chant d'amour qui fut jamais chanté, prédication aux enfers où Adam et Eve entendent de nouveau retentir les pas de Dieu comme jadis dans le jardin, Il vient pour les sauver.

... Repos du Fils au soir de l'oeuvre de recréation, comme le Père s'était reposé de toutes ses oeuvres et dans toutes ses oeuvres. Le Christ se repose dans le silence du tombeau. Passage à la limite entre mort et résurrection. Certains mystiques le perçoivent ainsi, pour d'autres, le Samedi saint s'apparente à une nuit de l'esprit. Il est difficile d'accepter qu'une souffrance rédemptrice continue après le "tout est accompli", sinon en écho dans cette agonie du Christ qui se prolonge jusqu'à la fin du monde. Pourtant, certains amis blessés de l'époux ne sont pas de cet avis, c'est le cas d'Adrienne von Speyr notamment. Mais il nous faut noter que les visions des mystiques, particulièrement touchant la vie de Jésus, ne peuvent objectivement prétendre à une historicité absolue, ils ne peuvent dire plus que le récit évangélique, ils l'explicitent.

Anne-Catherine Emmerich nous rapporte que "en cet endroit-là Jésus prononça des paroles magnifiques..." mais curieusement elle ne s'en souvient plus, providentiellement elle ne s'en souvient plus car rien ne peut être ajouté – ou retranché – à l'Evangile. Chez elle, les visions, les perceptions de ce que vit Jésus sont plus symboliques qu'historiques. Ce qui n'est sans doute pas le cas des paroles araméennes que rapportait Thérèse Neuman pendant ses extases. Il faut donc accepter ce manque de certitude et ne nous attacher qu'au sens profond de ce qui est perçu par ces privilégiés.

Ton corps déposé dans mes bras à la faveur de la nuit...

Pour celui qui connaît la faveur de la nuit le cri de Nietszche prend une singulière résonance : Dieu est mort !

Dieu est mort en moi et plus rien n'a de sens. Le déchirement du voile, en même temps qu'il ouvre au mystère, qu'il découvre ce lieu réservé jusqu'à présent au seul grand-prêtre, ouvre sur un vide. Le Saint des saints était parfaitement vide. Titus pensait y découvrir une idole originale qui avait produit un tel peuple, il fut impressionné par cette vacance de Dieu, fasciné par ce vide qui n'est pas le néant. Ce lieu entrait en résonance avec sa propre profondeur, avec ce Dieu inconnu qui l'avait créé. Mais c'est le créateur qu'on a mis à mort et le monde, sans une permission spéciale, aurait dû s'effondrer comme un château de cartes, ses atomes se défaire en chaîne. Mais il y a ce vide que l'on retrouve dans certaines mystiques non-chrétiennes, le vide qui est au centre de la roue, le vide qui fait qu'un vase est un vase, autant que l'argile que l'on peut tenir dans ses mains.

Ce vide a fasciné Adrienne von Speyr, elle en parle chaque fois d'une manière un peu différente, comme des touches qui, à l'instar des impressionnistes, essayent de rendre la vibration lumineuse, la vie de la lumière sur la toile. Cet espace-temps suspendu où se trouve suspendu un destin, le sens d'une vie. Ce temps qui sépare les plaies faites dans les mains et dans le côté et les plaies glorieuses que Jésus présentera après la résurrection à ses disciples, cette suspension dans une sorte de vide que l'intelligence ne pourra jamais vraiment saisir. Jésus séparé de son père. Jésus descendant aux enfers, le corps mort de Jésus dans la tombe.

Dieu soudain pèse lourd, le poids de son corps semble nous entraîner vers les enfers, vers le bas, vers le scandale au lieu de nous relever, de nous aspirer, de faire de notre vie, communion après communion, une lente mais certaine assomption.

Ses yeux sont clos, Il ne nous voit plus, bien plus, Il ne nous regarde plus et son père semble se cacher, Il nous laisse le soin de l'ensevelir, Il nous le livre et ce Dieu est trop lourd pour nous. Ses plaies béantes semblent inutiles. Quel lien pourrions-nous établir entre ses blessures et notre propre rachat ?

Et pourtant, après les premiers sanglots qui ont secoué notre être jusque dans ses fondements, après cette panique de voir Dieu mourir, c'est le grand silence d'après les larmes et une paix indicible, une paix dans la chute, une paix dans le scandale.

Cette phase que l'on rencontre dans la nuit de l'esprit est bienheureuse. Enfin tout combat a cessé, on ne prie plus, on ne sait plus prier. Mais quelque chose en nous adore parfaitement la chair immobile du Sauveur dans une intimité si grande que la Vierge l'a déposée dans nos bras. C'est sans doute ce qu'a perçu Adrienne : enfer et infusion d'amour tout ensemble, mouvement qui s'opère en secret et va soudain déboucher sur le tonnerre de la résurrection.

Je suis frappé de voir que ceux qui sont dans la nuit de l'esprit, alors qu'ils semblent professer un athéisme total sont aimantés par le Saint-Sacrement, qu'ils le contemplent parfois des heures, dans cet état d'hébétude apparent mais d'une vigilance secrète qui annonce le surgissement du matin pascal, l'heure de l'ange.

En attendant, Dieu est là et nous touche de telle manière que "cela" ne nous touche pas, dans ce grand silence qui est sans consolation. Autrefois, l'approche de Dieu faisait surgir des embrasements d'amour, des émotions, des angoisses, mais cette touche, comme dit Jean de la Croix, ou cet attouchement divin, comme le dit le bienheureux Ruysbroek, ne nous trouble plus. Dans cette sorte d'inconnaissance, nous connaissons mieux que jamais, car au-dessus, comme le dit encore l'Admirable : «Dans le silence sacré de l'Incompréhensible, tremble une certaine clarté, qui est la Trinité très haute».

L'Ecriture dit, au soir du Vendredi saint : déjà le shabbat commençait à luire. Ce Samedi saint du contemplatif où il reçoit le corps de Jésus entre ses bras, marque un passage important, un progrès : la nuit d'hiver devient une nuit d'été. L'amour de Dieu dans une connaissance de plus en plus intime de l'humanité du Christ et dans la présence de sa mère, règne dans cette nuit jusqu'à, peu à peu, réveiller l'aurore.

VIII

LIBERMANN
OU
L'IMMOBILITE CRUCIFIANTE

Les deux clefs de la voie d'enfance

Il ne faut pas occulter cette réalité que certains saints, comme le Vénérable Libermann, pourraient être plus populaires si leurs nerfs n'avaient pas été si fragiles. Il peuvent, pour nous aujourd'hui, devenir des modèles, nous rassurer sur le chemin réputé difficile, héroïque, voire inhumain de la sainteté. Dieu se glorifie dans des êtres fragiles. Jacob ressemble tellement à ce type de juif produit par l'insalubrité des ghettos, par le repliement, l'enfermement et un constant sentiment d'insécurité. Les chrétiens triomphants ne devraient-ils pas être jaloux de cette faculté oblative qui appartint au peuple agneau conduit tous les jours à l'abattoir à cause du Nom Divin ?

Comme le suggère une de ses biographies, le petit Jacob fut fils de rabbin et père d'apôtres sans nombre qui évangélisèrent l'Afrique.

De lui, on pourrait dire avec le Dr Vittoz : on n'est jamais trop sensible. Cette sensibilité, aucune purification ne la lui retirera, cette sensibilité aux autres, à leur affection, à leur souffrance, Dieu la préserve même lorsqu'elle peut paraître excessive. Elle n'est pas maladive en soi, même si les êtres maladifs, à l'instar des artistes, sont plus sensibles que d'autres. Nous ne parlons pas ici d'une sensiblerie, telle que la petite Thérèse en fut affectée après la mort de sa mère et dont le caractère était symptomatique d'une profonde blessure ; Jésus, en la guérissant par la grâce de Noël, ne lui retira pas la grande sensibilité que nous lui connaissons.

De Jacob, devenu par le baptême François-Marie Libermann, le Père Schwindenhammer pouvait écrire : «Considéré du point de vue de la foi, il me semble que le cher Père a été une de ces victimes que Dieu a choisie entre mille pour continuer sur la terre son sacrifice pour le salut des âmes ; c'est aussi le sentiment de Monsieur Desgenettes».

Tous les témoins de sa vie sont unanimes pour le décrire comme un petit ange, nous dirions un agneau. Comme chez François de Sales, cette douceur est acquise ou infuse, elle ne lui est pas naturelle. Car dans cet homme brûle un feu qui voudrait se donner, se communiquer. Si Dieu avait laissé Libermann choisir sa sainteté, il serait devenu un François-Xavier, un aventurier de Dieu, débordant d'imagination et de ressources pour inventer de nouvelles formes d'évangélisation.

Mais on ne choisit pas sa sainteté, et si Dieu nous consulte, attendant notre acquiescement, pour le reste, Il fait strictement ce qu'Il veut car lui seul sait ce dont le monde à besoin.

Ce fondateur des missions en Afrique ne quittera jamais la France, cloué sur une invisible croix, sa présence est mystique dans une identification au crucifié avec lequel il n'a jamais cessé de dialoguer. Le fruit de cette épreuve qui durera une vie, c'est l'abandon et la confiance. C'est son grand message aux hommes d'aujourd'hui, saisis d'une bougeotte contraire au mouvement de l'amour qui est lent épanchement, épanchement lent et douloureux, deux adjectifs que l'homme moderne refuse et parce qu'il les refuse, il ne peut apprendre à aimer aussi ne faut-il pas s'étonner de la pertinence du message de Libermann pour nous.

Nous avons une conscience planétaire des choses et nous sommes incapables de gérer ce que notre conscience reçoit. Nous sillonnons la planète, perdant ainsi tout point de repère. Rien d'étonnant à ce qu'un jour l'homme de notre siècle soit saisi par l'ange qui va le clouer littéralement sur place, le rendant boiteux pour toujours, blessé d'une blessure nouvelle. Cette blessure est le centre profond de nos nouveaux gyrovagues, la source inépuisable de la miséricorde et de la vraie joie. L'immobilité crucifiante deviendra l'école de l'abandon et de la confiance. Les deux clefs de la voie d'enfance.

Ils se tourneront vers Celui qu'ils ont transpercé (Za 12,10)

A l'aide de cette "grille de lecture" nous allons revoir, schématiquement, l'histoire de sa vie.

Jacob est né à Saverne le 12 avril 1802, son père est un véritable Israélite, sans artifice, comme le dit Jésus à propos de Nathanaël. L'étude du Talmud, les conseils donnés aux fidèles qui le sollicitent et l'admirent, voilà le monde clos rassurant et si beau du judaïsme alsacien dont la description serait incomplète si nous ne parlions pas de la chaleur du foyer, de cette mère juive que l'on imagine toujours ronde et tendre comme un pain de shabbat. Cette mère meurt quand Jacob a dix ans, elle est bien vite remplacée et le rabbin continue à observer le précepte qui commande aux hommes de remplir la terre. On ne transgresse pas, dans un tel milieu, sans être suicidaire, ce que n'est pas notre jeune fils d'Israël, à la brillante intelligence. Mais Dieu va comme l'aspirer en dehors de son milieu, le déraciner pour le transplanter dans un autre monde.

Le Melamed, le maître de l'école juive prévient souvent les enfants du danger qu'il y a à fréquenter les goyim, à tourner les yeux, ne serait-ce qu'une fraction de seconde, vers une de ces nombreuses idoles que l'on trouve au coin des rues, et que les Gentils mènent en processions. Surtout la croix, la regarder peut rendre aveugle. Pour Israël, la croix est toujours signe de malédiction, n'a-t-on pas brûlé, assassiné des millions et des millions de Juifs, la croix à la main ou cousue sur le vêtement, comme au temps épouvantable des Croisades où toute la population juive de Jérusalem fut brûlée vive par les soldats du

Christ. Mystère d'iniquité qui jamais n'a le dernier mot car Dieu est Dieu !

Cette croix, Jésus n'allait jamais cesser de la présenter à ce véritable fils d'Israël : Libermann, fondateur des Pères du Saint-Esprit, pour que sa parole donnée à Israël soit répandue jusqu'aux extrémités de la terre.

Or, le petit Jacob va se trouver au détour d'une rue, face au Saint-Sacrement. Il prend ses jambes à son cou et cherche, par les ruelles, un refuge. La procession se rapproche, aussi bondit-il dans un soupirail et se retouve-t-il dans une vaste pièce assez sombre. Un rayon de soleil descend d'un vitrail et vient au-dessus du Saint-Sacrement frapper la croix qui brille de tous ses feux. L'enfant est fasciné par ce rayonnement, par cet homme sur la croix.

A l'école, naïvement, le fils du rabbin prendra la défense de la croix, non, seulement il n'est pas devenu aveugle… Selon les "bonnes" vieilles méthodes, le maître le frappe, lui cogne la tête contre le mur. Quelles allaient être les conséquences de ce premier acte du martyre d'amour ?

Jusqu'à l'âge de vingt ans, Jacob poursuit brillamment ses études talmudiques, consolidant l'espérance que le rabbin de Saverne place dans son fils. Puis c'est le départ pour Metz où se trouvent des rabbins réputés. Peu à peu, la forteresse de l'univers talmudique s'effondre pour l'étudiant qui commence à apprivoiser les langues et les matières profanes, c'est ainsi qu'il lira le Nouveau Testament dans l'original grec. Mais il perd peu à peu la foi. Il se rend à Paris, retrouve ses frères devenus catholiques, apostoliques et romains. C'est la grande vague de conversions, à la suite de Ratisbonne et de Monsieur Drach, conversion qui, pour beaucoup de Juifs, ressemble à une porte de sortie du ghetto et emprunte le parcours de l'assimilation pure et simple. Quelque peu désemparé, Libermann loge au collège Stanislas. Après des discussions théologiques avec Monsieur Drach qui ne le convainquent pas, il se met à genoux et prie et comme d'autres, se relève converti. Tout devient évidence, les dogmes, la divinité de Jésus, le Messie. Au cours de son baptême, sa belle-soeur, épouse du docteur Samson Libermannn, juive convertie de milieu orthodoxe, prophétise que celui qui s'appellera désormais François-Marie-Paul, deviendra prêtre. Ce fils des grands prêtres d'Israël reconnaîtra tout de suite son identité sacerdotale et aspirera, de longues années durant, à la prêtrise. Au séminaire, ses études sont brillantes, mais pour cet angelot aux traits fortement sémitiques, les persécutions ne manquent pas. La veille de son ordination au sous-diaconat, qui aurait dû le conduire rapidement sur les traces de Monsieur Olier qu'il connaissait bien, François est terrassé par une crise d'épilepsie. L'accès au sacerdoce semble compromis pour toujours.

Son père l'avait maudit. Dans le judaïsme orthodoxe, on récite la prière des morts et l'on mène le deuil pendant sept jours pour un renégat. Liberman est mort dans la mémoire de sa famille chérie. Le traumatisme dut être grand, ces maux de tête, probablement causés par les coups de son maître d'école, persisteront jusqu'à la fin de ses jours et ne sont peut-être pas étrangers à l'attaque du grand mal.

Que va-t-il devenir car on lui a retiré sa bourse d'études si généreusement octroyée au prosélyte. L'immobilisation commence. A chacune de ses crises, les médecins remarquent que si le mal est bien de l'épilepsie, le comportement de François n'est pas celui d'un épileptique: pas d'abattement après les crises, au contraire, il sourit et pose les yeux sur le crucifix, cet homme qu'il avait fui, puis qui l'avait fasciné, il le regarde paisiblement et trouve en lui la force de continuer.

On lui trouvera un emploi d'économe dans le séminaire avec la possibilité de diriger des groupes de piété, à Rennes où il connaîtra la nuit de l'esprit. On lui confiera le noviciat des Eudistes, tant sa vie intérieure était surnaturelle. Mais que d'échecs ! Ses crises d'épilepsie devant les novices de Rennes, réunis pour l'entendre, ruinèrent complètement son crédit.

Que de clous qui s'enfonçaient dans sa chair et le réduisaient à l'immobilité, faisant grandir son abandon aux voies de Dieu, sa confiance inébranlable qu'un jour il serait prêtre et que, comme il l'a dit : sa chère maladie avait un sens. C'est à Rennes, au milieu de ses épreuves, qu'il reçoit sa vocation missionnaire. L'oeuvre des Noirs sera désormais sa grande préoccupation et l'objet de son offrande.

Fondateur secoué par l'épilepsie, pouvait-il attendre de Rome une reconnaissance de sa nouvelle congrégation ? Pas de congrégation sans fondateur et un véritable fondateur ne peut être que prêtre; or un épileptique ne peut prétendre au service de l'autel. Tout ceci est-il bien logique ? Apparemment oui, mais ce n'est pas dans la logique de la croix, dans cette folie d'un amour oblatif, dans cette science du don, du jeu de "qui perd gagne", cher à Thérèse d'Avila. Le grain de blé est en train de mourir, il va produire un pour mille et Libermann le sait au plus intime de lui-même. Le 17 février 1840, l'audience avec Grégoire XVI, où le Saint Père déclare : «Sara un santo», il sera un saint, ne change rien, il ne peut être ordonné. Le père de tant de conversions va camper sur ses positions. Abandonné par certains de ses intimes après cet échec apparent, il s'installe dans une mansarde et vit misérablement en composant un commentaire de saint Jean. Le voilà, le futur grand rabbin, vénéré de son bon peuple, le voilà considéré comme "souffrant des nerfs", abandonné de tous, dans le dénuement physique et moral, bien que sa vie mystique ait déjà atteint un haut degré d'élévation, le voilà seul avec le Seul, cloué sur place par amour de l'Homme sur la croix.

Le grand missionnaire se tient immobile pendant deux ans au cours desquels le terrible mal ne s'est plus manifesté, il ne reviendra plus secouer le corps de François-Jacob, bien que celui-ci ait gardé jusqu'à ses derniers jours un tremblement des mains qui se remarque lorsqu'il élève la patène et la coupe.

En effet il a été ordonné sous-diacre, diacre et enfin prêtre à Amiens le 18 septembre 1841, il dira sa première messe dans une église qui lui est chère, Notre-Dame des victoires. Sa congrégation du Saint-Coeur de Marie est née et fusionnera bientôt avec celle du Saint-Esprit. Ses compagnons vont partir pour les îles lointaines et pour l'Afrique où l'espérance de vie se comptait d'abord en jours ! puis en mois. La santé de Libermann reste très fragile, il ne mettra jamais les pieds dans ces terres où va tout son amour. Il s'éteint le 2 février 1852 à Paris, au séminaire du Saint-Esprit.

Toute maladie a un sens et s'inscrit dans l'histoire spirituelle de la personne

Voilà ce qu'il ne faut jamais oublier. La maladie est un mal en soi, le fruit du péché individuel et collectif, mais sachons discerner ce qu' elle comporte de positif, ce qu'elle indique, ce qu'elle traduit de profond. Nous ne pourrons jamais affirmer qu'une dépression nerveuse est voulue par Dieu. Pourtant il est une manière de la vivre, de la traverser qui nous aidera à découvrir le sens profond, la signification de toute une vie. La maladie est toujours révélatrice et par là, elle peut nous grandir dans l'ordre du Royaume.

Libermann, dans son abandon et sa totale confiance en Dieu, même si la pensée du suicide vint le travailler à l'instar de la petite Thérèse, ne doutait pas que Dieu le traitait d'une manière particulière, violente, comme il le dira dans une lettre que nous allons citer, mais qu'il était entièrement dans sa main.

«En somme, je n'ai rien acquis, ni pour les connaissances de l'intelligence, ni pour la force de la volonté, ni pour la pratique des vertus. Dieu m'a tout donné, il m'a attiré sans me demander la permission et avec une violence que je n'ai pas encore aperçue à personne, jusqu'à présent. J'étais d'abord très lâche, très indifférent, très nul pour toute vie surnaturelle. Notre Seigneur me fit la grâce de résister à mon père qui voulait m'arracher à la foi ; j'ai renoncé à lui plutôt qu'à la foi. Après ce fait, le bon

Maître est venu à l'improviste m'arracher à moi-même et il tint mes facultés absorbées et captives pendant environ cinq ans sans que pendant tout ce temps, j'eusse la pensée de travailler à une vertu ou à une autre ; toute mon occupation était d'être avec Lui, et cela était bien facile.»

Les invisibles stigmates de l'immobilité

Le maître mot de la vie mystique, c'est passivité. Les plus grands actifs sont avant tout, pour la vie en Dieu, des passifs. Ils ne portent pas la croix, c'est la croix qui les porte, comme un radeau sur des flots, des turbulences, des rapides que le plus grand des athlètes de Dieu ne pourrait franchir à la nage. La voie ascétique est insuffisante. Avec Libermann, Dieu encore a choisi un faible, un pauvre qui s'inscrit dans le courant d'Olier, de l'esprit d'enfance qui travaille Carmel et Visitation et aboutira à la grande théologienne de notre temps qu'est la petite Thérèse.

Le Vénérable Libermann s'est laissé faire par l'envahissement de Dieu, ce qui est du domaine de la grâce. Il nous faut bien réaliser que nous avons peur du Père. Nous ne lui faisons pas d'emblée confiance, car nous avons mal vécu notre filialité naturelle. Il nous semble que nous avons été trompés ou au moins déçus par notre père de la terre. La crise de l'adolescence qui nous a opposés à lui, nous oppose encore à Dieu, nous nous sommes affirmés contre la paternité et c'est contre Dieu que l'être charnel s'affirme. Cet envahissement de la grâce est perçu comme un viol potentiel.

La voie d'enfance aboutit, dans un grand amour du Père de toutes bontés, à ce cri de Thérèse : «Mon Dieu vous avez dépassé mon attente !». Cette voie commence par une reconnaissance de notre misère, de notre petitesse : l'incapacité pour nous de monter l'escalier qui mène à Dieu et donc au bonheur. L'acte d'abandon et de confiance consiste à monter la première marche – la part ascétique que comportera toujours un itinéraire mystique – et de nous laisser saisir par les bras du Père qui nous élèvera jusqu'à sa Face.

La voie d'enfance est à la portée de tous, sauf des orgueilleux. L'immobilité crucifiante en tant qu'elle nous rend totalement dépendant de Dieu, fait mourir l'orgueil. Elle est donc indispensable à chacun. Dieu immobilisera plus ou moins son serviteur, selon son histoire spirituelle, selon ce qu'il attend de lui. Par la maladie il immobilise un bras, par des peines intérieures, il immobilise l'autre, par des persécutions de tous ordres, il immobilise les jambes, alors tout ce qui a été supporté par amour fait désirer au coeur, la venue de la lance et Dieu nous conforme à son Fils par le transpercement du coeur, afin que des fleuves d'eaux vives coulent du sein du serviteur et que beaucoup en soient abreuvés, lavés, régénérés. Voilà l'oeuvre, le travail qui plaît à Dieu.

IX

IGNACE ET LA MALADIE DES SCRUPULES

«Ce fut pendant ma retraite de seconde communion que je me vis assaillie par la terrible maladie des scrupules. Il faut avoir passé par ce martyre pour le bien comprendre. Dire ce que j'ai souffert pendant près de deux ans me serait impossible ! Toutes mes pensées et mes actions les plus simples me devenaient un sujet de trouble et d'angoisse. Je n'avais de repos qu'après avoir tout confié à Marie, ce qui me coûtait beaucoup ; car je me croyais obligée de lui dire absolument toutes mes pensées les plus extravagantes. Aussitôt mon fardeau déposé, je goûtais un instant de paix ; mais cette paix passait comme un éclair et mon martyre recommençait !... Ma grande épreuve des scrupules finit par me rendre malade, et l'on fut obligé de me faire sortir de pension dès l'âge de treize ans.»

Cet extrait de "L'histoire d'une âme", autobiographie spirituelle de sainte Thérèse de l'Enfant-Jésus est extrêmement touchant. Une enfant retirant une des plus douloureuses échardes de sa chair. Sur le plan psychiatrique, on se heurte tout de suite à un diagnostic et un pronostic implacables : celui de la névrose obsessionnelle. Les personnes sujettes aux obsessions s'enferment littéralement dans un monde aseptisé et tentent, par des rites conjuratoires, de repousser un invisible ennemi qui n'est justement pas leurs obsessions auxquelles elles croient.

L'obsessionnel est rigide avec lui-même et avec les autres, il est partisan de l'ordre, d'une propreté maniaque, il n'écoute que lui-même, il porte en lui ses propres critères moraux qui sont effrayants d'exigences.

Dans le domaine religieux, ce *terrain* voit éclore la maladie des scrupules. C'est la conscience morale qui est atteinte. La personne est incapable de satisfaire sa conscience qui se meut dans un flou. Tout un chacun a pu, à l'occasion d'une grande fatigue, faire l'expérience des scrupules. Soudain, on est incapable de prendre une décision ne sachant pas si ce que nous faisons est bien ou pas et quand la décision est prise, le passage à l'acte repose le problème de la pertinence de la décision etc. Le scrupuleux se confessera de ses fautes ou prétendues fautes, mais aussitôt sorti du confessionnal, il se persuadera que sa faute a été mal avouée, qu'il l'a, en quelque sorte, dissimulée par un langage approximatif, qu'il n'est donc pas pardonné et il voudra se confesser à nouveau ou mieux, changer de confesseur car le sien ne va pas dans son sens. En effet, le confesseur ne peut qu'essayer de faire sortir le pénitent du "flou" et lui démontrer qu'il n'a pas péché.

Ce terrain porte en lui tout ce qu'il faut pour tuer la vie spirituelle et à plus forte raison, la vie mystique. Elle empêche le don, l'accueil de la grâce, l'abandon et surtout elle exclut la miséricorde pour elle-même. Si on examine la petite Thérèse à la lumière des sciences humaines, on est bien obligé de conclure au miracle de la grâce. Comment une enfant, aux prises avec de pareilles obsessions, trouve-t-elle la ressource de tout avouer à Marie, de s'abandonner à une autre qu'elle-même, de remettre son jugement et goûter dans l'oeil du cyclone cette paix qui surpasse toute intelligence ? Il faut d'abord nous étonner et nous rendre compte que nous ne serons jamais et que personne ne sera jamais prisonnier d'un diagnostic. Nous sommes plus que ça et l'*homo capax dei* n'est pas un ordinateur limité par le plus ou moins bon état de ses circuits. Celle qui allait devenir la grande messagère de la miséricorde pour notre temps a été enfermée dans ce circuit obsessionnel qui ne peut admettre la miséricorde, c'est-à-dire l'amour plus fort que toute justice.

Bien plus, elle allait s'offrir à la miséricorde de Dieu comme avant elle, on s'offrait à sa justice pour "réparer". N'était-ce pas à son propre besoin de justice et de justification qu'on s'immolait, à ce besoin de punition, alors que Dieu veut effacer nos fautes et ne plus s'en souvenir.

L'autobiographie de saint Ignace de Loyola présente un tableau obsessionnel exemplaire avec une maladie des scrupules à faire frémir et qui aurait pu déboucher dans la folie pure et simple et par le suicide :

«Mais dans cette dévotion, il lui advint bien des peines, du fait de ses scrupules. En effet, quoique sa confession générale de Montserrat eût été faite avec beaucoup de diligence et tout entière par écrit, comme il a été dit, cependant, il lui semblait parfois qu'il n'avait pas confessé certaines choses et cela lui donnait beaucoup d'affliction. Bien qu'il s'en confessât encore, il ne restait pas satisfait. Alors, il se mit à chercher des hommes spirituels capables de lui donner quelque remède à ses scrupules. Mais aucune chose ne l'aidait. A la fin, un docteur de la cathédrale, homme spirituel de valeur et qui prêchait dans cette cathédrale, lui dit un jour en confession qu'il devait écrire tout ce dont il pouvait se souvenir.

Il fit ainsi et, après s'être confessé, il fut tout de même assailli de scrupules, chaque fois les choses gagnant en subtilité, de telle sorte qu'il se trouvait très affligé. Et, bien qu'il se rendît compte que ces scrupules lui causaient grand dommage et qu'il eût été bon de s'en défaire, il ne pouvait y réussir. Quelquefois, il pensait que le remède serait que son confesseur, au nom de Jésus-Christ, lui donnât l'ordre de ne plus avouer aucune des choses passées et il désirait que le confesseur lui donnât cet ordre mais il n'avait pas la hardiesse de s'en ouvrir à lui.»

On voit bien ici comment l'obsessionnel, entravé par ses multiples incertitudes maladives, ce flou dont nous parlions, dresse toujours des obstacles au premier, puis au second, voire au troisième degré pour ne pas accéder à ce qui pourrait le libérer.

«Cependant, sans qu'il le lui demandât, le confesseur en vint à lui ordonner de n'avouer aucune des choses passées, sauf s'il y en avait quelqu'une de bien claire. Mais comme il les tenait toutes pour très claires il ne profita en rien de cet ordre et il resta ainsi toujours en peine. (...) Mais en tout cela, il ne trouvait aucun remède pour ses scrupules et beaucoup de mois avaient passé depuis qu'ils le tourmentaient. Une fois, très affligé par eux, il se mit en oraison et, dans la ferveur de cette oraison, il commença à pousser des cris vers Dieu, à pleine voix, lui disant : "Secours-moi, Seigneur, puisque je ne trouve pas le remède auprès des hommes, ni auprès d'aucune créature. Si je pensais pouvoir le trouver, nulle peine ne me serait grande. Montre-moi, Seigneur, où le découvrir. Même s'il me faut suivre à la trace un petit chien pour qu'il me donne le remède, je le ferai."

Comme il était dans ces pensées, il lui venait à maintes reprises des tentations de grande violence, qui le poussaient à vouloir se jeter dans un grand trou qu'il y avait dans sa chambre et qui était proche de l'endroit où il faisait oraison. Mais, sachant que c'était péché que de se tuer il recommençait à crier...»

Ignace fait alors violence au ciel par le jeûne et la prière, son confesseur le contraint de ne pas se faire violence à lui-même et donc de s'affaiblir encore plus psychiquement. Peu de temps après, le saint s'éveilla du cauchemar et les scrupules s'évanouirent, définitivement affirme le père des exercices. C'est vrai, mais si Dieu l'avait délivré de cette épouvantable crise où il s'enfonçait de plus en plus, Il ne modifia pas son profil psychologique, sa tendance pathologique, celle qui existe en tout fils d'Adam, qu'elle penche vers l'obsession ou vers l'hystérie.

Se le rappeler maintiendra dans l'humilité ceux qui traitent les malades avec condescendance ou mépris. Comme nous le rappelle l'Ecriture : *celui qui est debout, qu'il prenne garde de ne pas tomber* (1 Co 10,12).

Ignace sera marqué toute sa vie par ce tempérament obsessionnel, son vocabulaire ne risque pas de friser le quiétisme, avec lui, on ne s'abandonne pas, on fait des exercices. On comptabilise les grâces, les défauts et les qualités comme l'argent. Quarante ans plus tard, pour écrire ses mémoires, il se souvient de ses comptes avec une précision effarante, en même temps que l'on remarque chez lui des actions, des attitudes impossibles à un scrupuleux et qui témoignent de la vie du Christ en lui et de la présence de grandes grâces infuses.

Le discernement ignatien qui a aidé tant d'hommes et de femmes à voir clair dans leur vie et à prendre certaines décisions est établi avec un soin scrupuleux, c'est le cas de le dire. C'est par écrit que l'on couche le pour et le contre. Certes, les méthodes ignatiennes se heurteront ou heurteront les improvisations des mystiques pour lesquels nous avons un faible, mais il nous faut reconnaître le miracle de la grâce et la sagesse de Dieu qui choisit délibérément un homme comme Ignace pour une mission bien spécifique dans l'Eglise. Quelle richesse déployée à partir d'une telle pauvreté !

Une remarque s'impose : si Thérèse a été totalement délivrée de ses scrupules, il en reste une trace chez Ignace. Nous ne pouvons résoudre la question avec certitude. Peut-être que le profil de notre ancien officier était beaucoup plus accusé. Peut-être aussi que Dieu a agi beaucoup plus rapidement chez cette étoile filante de la sainteté qui a parcouru l'espace nocturne en l'illuminant d'une manière brève et intense.

Dans la formation d'Ignace, cette épreuve fut bénéfique : lui qui devait conduire tant d'âmes et enseigner aux autres la conduite des âmes, il fallait qu'il fasse l'expérience de la précarité du jugement propre. Est-ce là l'origine de l'obéissance ignatienne ?

Il n'existe en effet pas d'autre remède pour les scrupuleux que l'obéissance, une obéissance totale que l'on appelle l'obéissance du jugement. Heureux celui qui aura pratiqué cette sorte d'obéissance quand l'épreuve surviendra, elle en sera allégée. Dans bien des tourments de la nuit, surtout de l'esprit, le jugement est totalement obscurci, affolé dirions-nous. Celui qui se croit damné, par exemple, s'il remet son jugement à son père spirituel ou confesseur, pourra continuer à communier car c'est le malade qui a besoin de remède et l'Eucharistie nous guérit de nous-même. Cette obéissance totale pourra, seule, faire sortir du flou dont nous parlions plus haut.

Le scrupuleux se maintient dans un flou par rapport au code moral, afin de mieux se laisser condamner par lui et justifier cette rigidité morale qui contraste avec le flou que l'on trouve au niveau décisionnel dans une certaine confusion de la pensée. Il faut qu'au nom de l'obéissance, il admette que la porte est fermée ou ouverte selon le mot de Ionesco, que le gaz est bien éteint, qu'il a bien tourné la clef dans la serrure en sortant etc.

Si les scrupules sont un martyre, ils sont aussi source de grâce et de progrès spirituels à condition d'être bien guidés. Encore une fois, l'entourage doit voir la main de Dieu, un privilège de pauvreté. Il nous faut juger des êtres et des événements d'une manière évangélique, quelle que soit notre formation dans les sciences humaines. L'aide de la psychologie, de la psychothérapie peut se révéler appréciable mais elle doit se maintenir dans l'humilité, sachant que chaque homme est un mystère, que chaque homme est unique pour son Dieu et que par conséquent, un thérapeute ne pourra jamais comprendre tout à fait, qu'il faille parfois laisser celui qui souffre avec Dieu qui seul connaît le secret de cette souffrance.

Il nous faut remarquer que cette tendance obsessionnelle est présente chez près d'une personne sur trois. Le traitement qui, sur le plan médical, nous semble le plus respectueux de la vie spirituelle des personnes est celui de l'abbé Arnaud d'Agnel et du docteur d'Espiney. Vittozien, le traitement est synthétique et non analytique, il ne démonte pas la personnalité malade, il lui montre le chemin d'une unification, d'un contrôle de ses pensées. Pour un religieux, il est bien évident qu'un traitement médical doit se faire accompagner par une direction spirituelle stricte.

X

L'EPREUVE DE LA DUREE

«Je connais une personne qui depuis quarante ans que Dieu a commencé à lui accorder la faveur dont nous avons parlé – l'union mystique – pourrait assurer, en toute vérité, qu'elle n'a pas passé un seul jour sans souffrir et sans endurer diverses peines ; je veux parler de son peu de santé ainsi que de ses grandes épreuves.» C'est la voix de Thérèse d'Avila dans le Livre des Demeures. Je connais une personne... nous aussi, nous la connaissons. Depuis saint Paul, l'expression ne trompe personne. La Madre pourra soupirer : «la vie est une nuit passée dans une mauvaise auberge», elle savait de quoi elle parlait. Les plus hautes expériences de la communion avec Dieu sont encore des expériences de l'incommunicabilité sur cette terre. Mais c'est de nuit... Les communications les plus lumineuses s'opèrent à la faveur de la nuit. Aussi la toile de fond de toute vie mystique sera nocturne, nuit embaumée d'Andalousie, ou nuit glaciale du désert, nuit de sécheresse ou nuit embrasée d'amour.

Il faut regarder la réalité en face, notre passage sur la terre se fera toujours *in hac lacrimarum valle*, dans cette vallée de larmes. Nous pouvons éprouver les joies spirituelles les plus grandes, le cri de l'oppressé montera toujours vers nous au sommet de l'Horeb. La lumière qui nous est confiée brille dans la nuit du monde. Nous tenions à l'affirmer avant de parler de la durée des épreuves. Les Pères disaient : «Attends-toi, jusqu'à ton dernier souffle, à être tenté». La durée même des épreuves nous apprend à envisager la durée sans être terrifiés, elle nous renseigne peu à peu sur le sens de la vie présente et nous place face à la vie du monde à venir.

Les épreuves durent donc longtemps. La plupart des auteurs paraphrasent un célèbre chapitre de Jean de la Croix où le saint, sans vraiment nous donner les précisions qui pourraient rassurer, nous renvoie à une réponse chère au comique troupier : un certain temps ! Cependant il nous donne deux paramètres : le courage de l'âme et le degré d'amour où Dieu veut nous élever.

Le courage de l'âme

Dieu ne peut rien faire sans notre consentement. Je distinguerai le courage de l'âme avant l'épreuve et pendant l'épreuve. Avant l'épreuve, le désir que nous avons exprimé d'aimer et de souffrir, Dieu l'a entendu comme une déclaration d'amour. Il nous prend au mot, il est dans son droit, le droit de nous présenter le pire puisqu'on est uni pour le meilleur et pour le pire. D'où l'effet de surprise, la totale désorientation de celui qui pourtant avait signé le contrat et avait dit oui à Dieu. D'où la violente réaction de tout l'être si caractéristique dans le début des nuits. L'intensité de la purification sera proportionnée au désir que nous avions avant la nuit.

Le courage pendant la nuit est fort variable. Jean de la Croix nous prévient que certains sont si faibles que Dieu les maintient dans une pénombre toute leur vie parce qu'ils sont incapables de la nuit véritable. Bien sûr, plus la nuit est violente plus aussi elle est brève, mais pour peu que Dieu veuille nous élever plus haut, plus aussi elle dure !

Pour ma part, j'ai toujours été étonné du courage de ceux qui sont dans cet état. Les plus désolés, les plus éprouvés ne voudraient finalement changer leur place pour rien au monde.

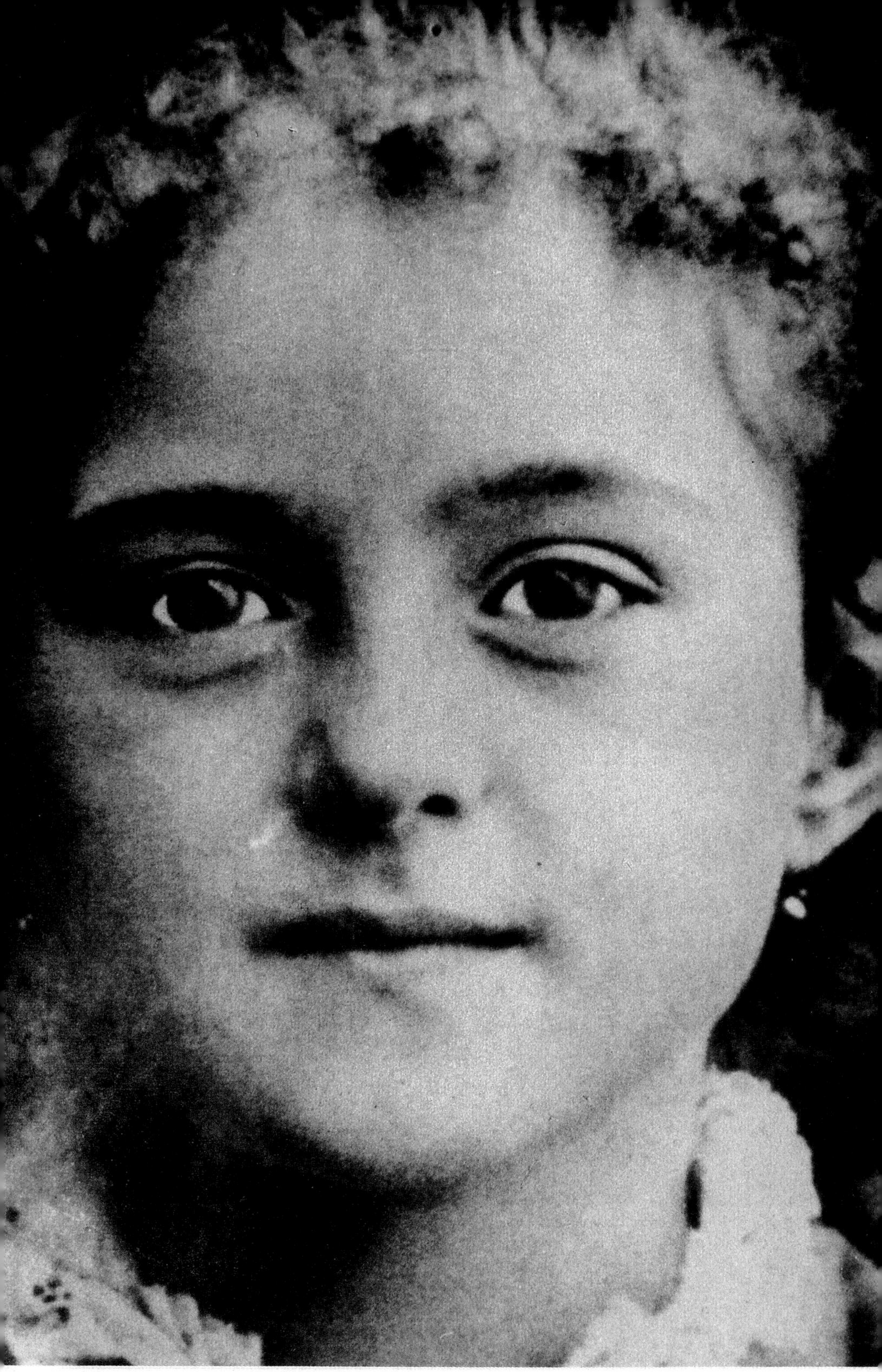

Sainte Thérèse de l'Enfant-Jésus et de la sainte Face (1873-1897)

Frère Albert (1845-1916)

Saint Ignace de Loyola (1491-1556)
fondateur de la Compagnie de Jésus

Sainte Thérèse d'Avila (1515-1583)

Saint Jean de la Croix (1542-1591)

Saint François de Sales (1567-1622)
fondateur de la Visitation

Sainte Jeanne-Françoise de Chantal (1572-1641)

La vénérable Agnès de Jésus (1602-1634)
du monastère de Langeac

Jean-Jacques Olier (1608-1657)
fondateur de Saint-Sulpice

La vénérable Marie-Catherine de Saint-Augustin (1625-1668)

Saint Paul de la Croix (1694-1775)
fondateur des Passionistes

Le vénérable François-Marie Libermann (1802-1852)

Et s'il arrive que certains, “au bout du rouleau”, dans ces phases qui ressemblent tant à la mélancolie, commencent à demander grâce, ils se reprennent bien vite et demandent pardon au Seigneur de leur indocilité. Tous finalement «embrassent la main qui les frappe». Là où nous remarquons le plus de faiblesse, c'est dans le désir de consolations, de preuves que Dieu doit fournir. Dieu ne refuse pas ces consolations mais elles ne contribuent pas à la purification de la foi et de l'espérance et retardent donc le travail de la grâce.

La durée des purifications

On peut cependant considérer l'exemple des saints, pour en tirer un certain nombre de conclusions. Les touches nocturnes dont nous avons déjà parlé peuvent être brèves : quelques mois, mais une nuit se compte en années. Saint François d'Assise connut peut-être la plus brève – mais pourrons-nous un jour en mesurer l'intensité ? Deux à trois ans selon les auteurs. Elles durent en général plusieurs années, trois à quatre ans mais peuvent atteindre de dix à trente ans. Une nuit de trente ans est souvent un clair-obscur où brille par intermittence l'étoile qui conduisait les mages jusqu'à la crèche. Il est à noter que les éprouvés se sentent profondément interpellés par la durée et qu'il finissent par accepter de souffrir toute leur vie et toute l'éternité s'il le fallait – ce qui n'est pas l'erreur quiétiste qui consiste à admettre l'enfer par amour de Dieu, qui se nierait d'ailleurs comme amour dans une telle perspective.

Dieu ne peut pas nous violenter. Qu'il nous suffise de contempler sa sagesse dans le livre de la nature et tirer un enseignement de la croissance des plantes et des arbres. De la nécessité des rigueurs de l'hiver qui nous paraît parfois bien long mais qui extermine les miasmes. La neige elle-même, en couvrant la terre comme si elle occultait toute vie végétale, fertilise mieux qu'un engrais chimique. Marthe va plus loin en disant qu'il faut que la terre soit déchirée pour recevoir la semence.

Des trois croix

Pourtant la vie de certains saints nous pose question. Pourquoi, par exemple, saint Paul de la Croix se vit décerner le titre glorieux de "prince des désolés" avec cinquante années d'une profonde nuit ? Nous pourrions répondre que la durée d'une vie – plus de quatre-vingts ans pour le fondateur des Passionistes – conditionne la durée de l'épreuve. Certains stigmatisés n'ont, comme le Christ, vécu que trente-trois ans, la petite Thérèse est partie vers le ciel en pleine jeunesse. Mais la réponse serait insuffisante.

Le Père Garrigou-Lagrange nous invite à nous tourner vers les trois croix dressées sur le calvaire. Celle de Jésus, au centre, a, bien sûr, une valeur rédemptrice, celle du bon larron prend une valeur purificatrice et réparatrice parce qu'acceptée par le pécheur. Quant à celle de l'autre condamné, elle n'a pas de valeur en elle-même parce que la souffrance y est refusée, elle est plutôt sujet de révolte contre Dieu et contre les hommes.

Ayant été identifiés au Christ par notre baptême dans sa mort et sa résurrection, nous partageons également sa croix qui n'est pas purificatrice mais rédemptrice. Par elle et avec Lui, nous sommes co-rédempteurs, selon l'exemple que nous donne la Vierge Marie identifiée au crucifié. Et Marie est associée à la passion de Jésus pour l'enfanter dans les douleurs d'une manière nouvelle, dans la naissance de son corps mystique qu'est l'Eglise.

Aussi il est à noter que les saints fondateurs d'ordres et de congrégations vivent les nuits, non seulement pour leur propre purification, mais pour la rédemption d'un grand nombre.

Avant de nous pencher plus particulièrement sur le cas de sainte Jeanne de Chantal, saluons la Vierge Marie sous le vocable de Mère des nuits. En effet, elle assiste d'un secours particulier ceux qui sont associés à la croix de son fils. Que les directeurs le sachent et conseillent aux éprouvés le recours à Marie. Quand Dieu se cache, sa mère reste présente, particulièrement dans la nuit des sens et dans une partie de la nuit de l'esprit. Elle est mystérieusement présente comme les icônes le traduisent à Gethsémané. Est-ce parce que les angoisses nous ramènent à ce rétrécissement utérin, à ce franchissement de la porte étroite et angoissée ? La mère est présente, elle-même souffrant avec celui qui souffre, lui prodiguant un secours discret, presque invisible. Ce n'est plus le confort du liquide amniotique, elle ne sera jamais pour nous le retour au ventre maternel, cette Mère Courage est la femme forte qui nous aide à faire le passage. Voilà pourquoi dans les nuits elle ne pourra pas s'opposer aux désirs de son Fils et ralentir notre purification. Nous pourrions dire qu'à Cana, elle a précipité son Fils vers la croix, elle a hâté un enfantement qui devait s'accomplir dans une souffrance et un amour excessifs. Il n'est donc pas rare que dans les sécheresses où l'oraison est impossible, il ne reste que le chapelet, la prière des pauvres.

Marie est également présente pour tenir la tête de son enfant au moment de la descente de croix. Dans ce sommeil des puissances, la Vierge suscite encore chez celui qui connaît la terrible nuit de l'esprit, des élancements d'amour bien que sa présence se soit faite encore plus discrète... jusqu'à disparaître dans la terrible vacance que nous vivons sur le plan liturgique, le Samedi saint. C'est seul, sans Marie, sans son Père que Jésus descend aux enfers. Pour nous, cette descente aux enfers ressemble à une descente "en" enfer car nous percevons ce lieu de purgation comme une déréliction absolue. Nous cherchons Marie et nous ne la trouvons plus, comme la fiancée du Cantique cherchait son bien-aimé d'abord sur sa couche, puis dans les rues et jusqu'aux remparts de la ville. Il était là, juste à l'extérieur des remparts, c'est-à-dire dans le sépulcre. Il était là mais sous le mode d'une présence-absence, encore trop déroutante. Nous ne reconnaissons pas encore le jardinier ou le pèlerin, l'étrange ami qui nous attend sur la rive et qui a allumé un feu pour que nous mangions avec lui.

C'est tellement un autre monde déjà présent sur cette terre auquel nous sommes en train de naître, que nous ne pouvons reconnaître, ni celui qui est notre grand amour, ni notre propre mère. Ceux qui ont connu intimement celui dont les traits sont uniques, le plus beau des enfants des hommes, pendant plusieurs années sur les routes de la Terre Promise ne le reconnaissent pas et pourtant ce n'est pas lui qui a changé, Il est le même hier, aujourd'hui et demain !

Saint Louis Grignion de Montfort a prophétisé pour les apôtres des derniers temps qui seront, avant tout, des pauvres, une multitude de croix, un accroissement de la souffrance mais en même temps, une très grande assistance de la Vierge qui fera que ces croix seront très douces. Comme c'est vrai, bien que cette promesse ne s'applique pas apparemment à la purification ultime de l'esprit.

Entre deux orages, il pleuvra

Il est des jours où les prévisions météorologiques ne peuvent rien nous promettre d'autre que ce que le ciel envoie. Nous pourrions résumer la vie de sainte Jeanne de Chantal sous cette forme: entre deux orages, des averses... à moins que ce ne soit une continuelle grisaille.

Comme nous l'avons vu, Dieu a réuni Francois de Sales et Jeanne de Chantal d'une manière qui nous étonne. Bien des visitandines se sont offusquées de certaines folies de la sagesse divine et ont été troublées par ces chastes roucoulements. Pourtant dans la création nouvelle, Dieu ne détruit pas ce qui est appelé à demeurer éternellement l'amour. Or Il a voulu que le couple soit l'image, au sens fort du terme, de l'amour. Il n'est pas étonnant que cette proposition : *il n'est pas bon pour l'homme de rester seul* (Gn 2,18), soit comprise d'une manière restrictive.

Elle est très douce, cette parole de Dieu et capable de soulever un élan d'amour vers un tel Père, que nous voudrions plus jaloux qu'il ne l'est. Veut-il garder jalousement Adam ? Non ! Son amour n'est pas exclusif mais inclusif : il n'est pas bon – autre traduction : *ce n'est pas le bonheur de l'homme de rester seul.* Le Père essayera par la suite de rompre cette terrible solitude ontologique que tout fils d'Adam est appelé à vivre.

Même dans le couple le plus uni, le plus amoureux, cette solitude demeure, tant qu'elle n'est pas relayée par l'amitié de Dieu, qui est d'ordre mystique et qui ne se manifeste pleinement que dans le mariage spirituel.

Si nous cherchons bien dans la vie des grands fondateurs, il se cache une petite sainte, parfois très effacée et qui rend d'une manière mariale, c'est-à-dire maternelle et forte, supportable l'insupportable. Certaines sont très connues, d'autres moins, telle la bienheureuse Diane qui aida Jourdain de Saxe devenu après saint Dominique et après six mois seulement de présence dans l'ordre, le Maître général des frères prêcheurs.

L'amour spirituel sensible est également lié au mystère de la nuit et de l'agonie. Il est dangereux de le chercher, de le provoquer avant. Il appartient déjà à la passivité, à la contemplation.

Quand Jeanne et François se rencontrent, quand ils se reconnaissent lors d'une prédication – ils s'étaient vus l'un l'autre en songe – ils sont déjà tous les deux saints ! Mais le plus saint des deux n'est pas forcément celui qu'on pense. Madame de Chantal a fréquenté Madame Acarie à une époque où l'Esprit Saint visitait beaucoup les salons, c'est bien normal, le démon en faisait autant.

La Visitation héritera ainsi de la voie d'enfance, chère au Carmel qui s'implante en France, et c'est par une visitandine, la tante de la petite Thérèse que l'on considérait comme la sainte de la famille, que l'esprit d'enfance retournera au Carmel ! Qui dira le rôle de ces femmes admirables qui ont si positivement influencé les plus grandes décisions de l'Eglise jusque dans la définition de certains dogmes, jusque dans la direction spirituelle du Saint-Père, que l'on songe à Catherine de Sienne...

C'est bien le mystère marial, celui de la femme qui est à la fois mère, épouse, soeur et fille, enfant soumise et reine des coeurs, c'est bien ce mystère que François de Sales reconnaît en Jeanne de Chantal. Par sa direction spirituelle, il a délivré bien des personnes de leurs tourments mais pour Jeanne-Françoise, il dit : «Oui, disait saint Pierre, il nous est bon d'être ici à voir la Transfiguration... mais votre Abbesse, la sainte Vierge, n'y est point, mais seulement sur le mont du Calvaire, où elle ne voit que des morts, des clous, des épines, des impuissances, des ténèbres extraordinaires, des abandonnements et dérélictions».

On ne peut pas expliquer autrement la vie de la Mère de Chantal que par une maternité, et de l'apostolat de celui que Dieu lui avait donné comme père et ami, et de toutes les âmes que porterait la Visitation.

Mais si l'évêque de Genève ne fut pas seul, grâce à la présence merveilleuse de sainte Jeanne de Chantal, on ne peut pas dire qu'elle-même vécut comme Jean avec la Vierge Marie à Ephèse. Sa solitude fut très grande et j'aime beaucoup cette anecdote de regret posthume de François de Sales. La psychologie masculine est si éloignée de celle des femmes, même hautement purifiée... Lors de leur dernier entretien, François était pressé (!) et il ne parla que des affaires de la congrégation alors qu'il était convenu que le temps imparti à ces affaires ne dépassait pas la moitié de l'entretien, l'autre moitié étant réservée à l'ouverture du coeur. François s'en alla précipitamment comme font les hommes quand ils n'ont plus rien à dire et que déjà, ils pensent à autre chose. Il ne la bénit pas. Ils ne devaient plus se revoir dans ce monde. Neuf ans plus tard, on ouvrit le cercueil du saint évêque, en présence de nombreux témoins civils et ecclésiastiques, tous dignes de foi. Or la Mère de Chantal, se souvenant de ce dernier crève-coeur, prit la main de François de Sales et la posa sur sa tête. Tous confirment que la main s'anima pour caresser la tête de madame de Chantal et pour la bénir.

Nous pourrions avoir l'impression d'un manque de sérieux, d'une certaine légèreté, mais comme disait Marthe, avec son bon sens : ce qui est léger, ça monte ! Non pas marivaudage spirituel; au contraire, par cette anecdote, nous voulons montrer l'humanité de ces voies qui sont d'amour et qui, au premier abord – voire au second – paraissent totalement inhumaines. Que de tendresse dans ce martyre d'amour, que d'humour aussi dans cette tragédie de l'existence. Qu'il est doux ce joug et facile à porter !

XI

LA TENTATION DE BLASPHEME

Merci mon Dieu
pour le sanctuaire de mon âme, pour cet espace de silence profond
où rien d'impur ou de souillé n'a jamais pénétré
et ne pénétrera jamais parce que tu es son gardien.
Merci mon Dieu
de ce qu'aucune blessure que font les hommes
n'a altéré ce jardin secret
ce Saint des saints où toi seul,
Grand prêtre compatissant pénètre revêtu de ta gloire.
Merci Dieu de bonté
parce qu'à chacune de mes chutes
Tu m'as montré que tu demeurais en moi, bien plus plus profond que mon péché.
Merci Seigneur
de ce qu'aucune de mes pensées mauvaises, de mes révoltes
n'aient pu franchir la porte gardée par ton ange.
Je sais que tu m'attends pour une dernière rencontre lumineuse
dans ce tabernacle d'amour où tout mon être se retirera.
Merci mon Dieu
parce que l'âme que tu as mis en moi est pure.

La chasteté n'est plus pathogène !

La sexualité chez le chercheur de Dieu est surtout perçue comme gênante, comme un obstacle presque insurmontable que beaucoup ont renoncé à surmonter en se détournant du sacerdoce ou de la vie religieuse. La tentation manichéenne est forte : Dieu aurait créé l'esprit, et le diable, la chair. Malheureusement, seul un ordinateur programmé pour la traduction peut se permettre de rendre *la chair est faible et l'esprit bien disposé* (Mt 26,41) par «la viande est fatiguée»... Selon la Bible, l'homme charnel n'est pas avant tout celui qui éprouve des tentations dans sa chair, mais celui chez qui dominent l'orgueil, la jalousie et des passions bien plus subtiles que celles qui tourmentent les "sanguins" que leur tempérament maintient dans l'humilité. Tempérament généralement aussi prompt à pécher qu'à se repentir. Il n'empêche que les plus sensuels se sentiront encombrés de leur sensualité, portant en eux un réservoir de culpabilités toujours renouvelé.

Les saints se jettent dans les buissons d'épines et les orties, se roulent dans la neige ou encore se jettent dans des eaux glacées pour éteindre un feu qui les dévore de l'intérieur. C'est du moins l'image d'Epinal qu'il nous plaît de garder, peut-être parce que demeure en elle une trace d'exacerbation de la chair que l'on retrouve dans les exploits amoureux.

Saint Bernard, qui avait crié au feu lorsqu'une belle aubergiste voulut le gratifier d'une visite nocturne, saint Bernard comprit qu'il ne pourrait jamais mater sa chair, qu'il fallait se la concilier ou, plus exactement, la soumettre à la grâce. Il parlera alors d'assomption de la chair. En termes plus modernes c'est reconnaître que la sexualité n'est pas mauvaise en soi, ni la sensualité, mais qu'elle a besoin d'une rédemption. Pourquoi l'abandonner au diable qui saura l'exploiter soit en s'emparant de l'imaginaire, déployant le grand écran des phantasmes, soit en poussant à une ascèse rigoureuse qui est justement le contraire de la vie mystique.

Dans la vie des saints, c'est-à-dire de tout chrétien vivant en état de grâce, on note que la sexualité, selon la parole de l'apôtre, ne pose pas de problème : *qu'il n'en soit pas question parmi vous* (Ep 5,3). Pourtant, dès que l'onction de l'Esprit se retire, c'est comme une marée montante de désirs tendres, humains avant que d'être violents. Ce qui signifie simplement que, si la présence de l'Esprit en nous anesthésie certaines puissances, certaines pulsions mauvaises, elle ne les annihile pas, cette guerre de purification totale n'intervient que dans la nuit obscure de l'esprit.

Songeons à ce merveilleux récit de la Vita seconda de Thomas de Cellano où l'on voit saint François aux prises avec ses vieux démons, à l'heure d'une terrible tentation.

Le Malin est continuellement jaloux des progrès accomplis par les fils de Dieu. Voici le genre d'épreuve qu'il eut la présomption d'infliger au saint, dans l'ermitage de Sarteano. Il le voyait se sanctifier davantage de jour en jour, poursuivre toujours son avance sans jamais se juger satisfait des progrès accomplis. Une nuit, le bienheureux était en train de prier dans sa cellule, à trois reprises, le démon l'appela : François ! François ! François !

– Qu'est-ce qu'il y a ? demanda-t-il !

– Il n'est pécheur en ce monde, répondit l'autre, à qui Dieu, s'il se convertit, n'accorde le pardon ; mais celui qui se tue lui-même à force de pénitence, celui-là n'obtiendra jamais miséricorde.

Quand le démon paraît, l'évidence des choses du Royaume disparaît. La voix subtile veut renverser l'ordre des valeurs, ordinairement il y parvient le temps que dure la tentation. Coupez l'intelligence que l'homme a de lui-même, sa "selbstverstandnis", du regard de miséricorde que Dieu porte sur sa créature, il ne reste plus que sciences humaines, névroses chrétiennes et désespérance.

François est seul face au raisonneur qui raisonne parfaitement bien et connaît par coeur les réalités spirituelles qu'il va intégrer dans un discours purement rationnel. Tel est le type de théologie et donc d'anthropologie que nous voudrions dénoncer et éviter dans ce livre. Dieu est en l'homme en même temps qu'Il est le Tout Autre, pour un constant dialogue amoureux.

La sexualité ici se dresse comme un serpent lubrique et accusateur, froid calculateur pour s'immiscer dans ce dialogue d'amour et le rompre. La réponse de François, dans un réalisme tout médiéval nous fait passer de l'obscène au sublime. Ne cédant pas à la voix accusatrice, il se flagelle mais le désir est plus intense que ses forces physiques qui décroissent. Il va se rouler dans la neige, mais en vain. Il fera ce qu'il aurait dû faire dès que la voix de l'ennemi s'était fait entendre pour la première fois. Il reviendra à la réalité, considérant sa sexualité, sa finalité et par cet acte paradoxal au sein de la crise, il ne laissera plus aucune prise au diable :

«Tout son corps était marbré de coups, la tentation ne s'éloignait pas. Il sortit alors dans le jardin et se roula tout nu dans l'épaisse couche de neige puis, la ramassant à pleines mains, il en façonna sept tas, en forme de mannequins, les passa en revue et prit son corps à partie : "Regarde, dit-il, le plus grand c'est ta femme ; les quatre autres, tes deux garçons et tes deux filles ; les deux derniers, ton domestique et ta bonne, car il faut aussi se faire servir. Allons dépêche-toi de leur trouver des vêtements, car ils meurent de froid. Mais si tu trouves trop

lourds tant de soucis, alors reporte tous tes soins à ne servir que Dieu seul !". Le tentateur vaincu battit en retraite aussitôt, et le saint retourna en cellule, glorifiant Dieu.»

Nous trouvons déjà ici une illustration remarquable de ce que le Concile a appelé la paternité responsable, la maîtrise de la sexualité, en fonction de la paternité. La sexualité... source et servante de la vie et débordement. Ne craignons pas les épouvantails, qu'ils soient freudiens ou non, les marottes d'une intelligence pervertie, c'est-à-dire non éclairée par l'Esprit, qui s'agitent pour nous dire: tu portes en toi une force qui te dépasse et si tu ne te soumets pas à sa loi, tu deviendras fou.

La psychologie a déjà beaucoup évolué en ce domaine, on ne préconise plus les relations sexuelles d'une manière presque systématique pour résoudre les conflits, au contraire on a remarqué que l'absence de ces relations pouvait faciliter une thérapie. Bien plus, les rapports sexuels peuvent révéler les névroses, les accentuer, en ouvrant la porte aux phantasmes et perversions. Une guérison profonde doit ouvrir à des relations humaines sexuelles normales et non l'inverse. En un mot la chasteté n'est pas pathogène.

L'ascèse des saints est celle du commun des chrétiens, si tant est qu'on puisse parler de commun, la voie chrétienne est resserrée, étroite mais elle conduit à la vie. Mais se pose la question : pourquoi nous avoir dotés d'une sexualité ? Si l'on compare l'homme aux animaux et particulièrement aux grands singes, on s'aperçoit que ces derniers n'ont besoin de s'accoupler qu'une à deux fois par an. Une comparaison morphologique, psychologique, montre que l'homme a été créé pour des relations plus fréquentes et non liées aux périodes de fécondité. La révolte qui gronde chez bien des catholiques marginaux ou en voie de marginalisation, par rapport à l'enseignement de l'Eglise en matière d'éthique sexuelle, pourrait se résumer ainsi : Pourquoi Dieu nous a-t-Il créés pour que nous nous comportions d'une certaine manière alors que l'on nous demande de nous comporter d'une autre ?

C'est encore l'expérience mystique telle que nous la révèlent les purifications que nous allons interroger. Autrement dit : comment Dieu traite-il la sexualité ? Il lui applique un traitement extrêmement fort et douloureux, non pour tuer, peu à peu, le nerf de la dent qu'Il voudrait dévitaliser, (pour prendre une comparaison que chacun comprendra) mais pour déraciner les tendances et les vices habituels ou actuels qui pervertissent cette “libido”, au sens jungien du terme. Car elle est vie, désir de vivre et de donner, elle est originellement oblative. Sa perversion consiste, à cause des multiples blessures psychologiques, affectives, dont nous avons parlé, à détourner cette énergie vitale de son but initial : Dieu est le partenaire-médiation dans la sanctification, au profit d'un ego qui refuse de mourir. Et plus l'angoisse de cette mort sera intense et plus profonde aussi la perversion jusqu'à la pornographie, un désir qui se cherche et ne se trouve jamais, qui se gâte par excès et devient suicidaire. Il n'y a pas de jouisseurs heureux !

«Pour toute beauté, jamais ne me perdrai si ce n'est pour un je ne sais quoi qui se rencontre d'aventure... La saveur de ce qui passe, tout ce que l'on peut en dire est qu'elle lasse le désir et pervertit le goût des choses...» Ces vers de saint Jean de la Croix illustrent notre propos où ils expriment avec une extrême délicatesse que ce n'est pas le désir qui doit être anéanti. Le saint ne sait pourtant comment ce désir pourra être sauvé, si ce n'est dans une rencontre avec ce je-ne-sais-quoi qui a saveur d'éternité. Pour ce sublime, il renonce à toute autre jouissance.

Cette quête est tellement liée à l'imaginaire qu'il faudra traverser une véritable crise iconoclaste, par une sorte de vaccination. Celui qui ne connaît pas les perversions comme celui qui y a renoncé et s'en est senti purifié dans la nuit des sens, va vivre une identification aux vices les plus abjects, véritable plongée dans l'enfer des luxurieux où la chair des damnés, dans l'orgie provoquée par le refus de l'amour de Dieu, va créer un écoeurement salutaire.

Saint Jean de la Croix énoncera cette réalité en deux tentations connexes qui préparent la nuit de l'esprit et se prolongent en elles selon les cas : l'esprit de blasphème et l'esprit de fornication : *«Ceux qui s'y trouvent ont d'ordinaire de terribles tribulations et tentations dans les sens ; cette épreuve dure longtemps, mais elle se prolonge plus chez les uns que chez les autres. Quelques-uns sont assaillis par l'ange de Satan qui est un esprit de fornication, qui trouble leurs sens par de fortes et abominables tentations, tourmente leur esprit par de vilaines pensées ou leur imagination par des représentations tellement vives que leur tourment est pire que la mort. D'autres fois, ceux qui sont dans cette nuit, sont tentés par l'esprit de blasphème : toutes leurs pensées sont traversées d'épouvantables blasphèmes ; leur imagination en est tellement frappée, à certains moments, qu'ils semblent presque les prononcer : et ils en éprouvent un cruel tourment.»*

A cette table des pécheurs, il semble qu'on mange le péché, qu'on boive le péché, qu'on le respire, qu'on devienne péché. L'horreur de cette nuit provoque l'horreur du péché, déracine les complaisances avec lui, et tout ce que l'on acceptait auparavant comme trouble sans savoir que ce rideau de voluptueuse fumée cachait des abîmes de révolte, des refus absolus d'aimer et toute une orgie, au sens premier du terme, que le non-amour a dessiné comme toile de fond de l'enfer.

Il faut noter que si tous ne passent pas par là – le petit nombre, dit le maître du Carmel – tous les chrétiens expérimentent un jour ou l'autre ce genre d'obsessions blasphématoires à thème sexuel ou scatique qui, même à petite dose, sont terriblement douloureuses. Elles témoignent de cette viciation par rapport au sacré ou à l'amour pur qui habite les profondeurs de l'inconscient et se manifeste dans les moments de révélation du mystère de l'amour, comme à la messe, par exemple. Il ne faut donc pas s'en alarmer outre mesure, ce qui ne ferait que fortifier le caractère obsessionnel de ces blasphèmes. Considérons, au contraire, l'aspect positif de la souffrance qu'ils engendrent.

La très pure, très chaste et virginale Catherine de Sienne a connu cette épreuve qui nous renseigne sur la nature de la souffrance qu'elle cause. Cette sainte fut pendant plusieurs jours et plusieurs nuits plongée dans l'esprit de blasphème, ses pensées étaient toutes traversées d'horribles phantasmes, d'imaginations lascives. Au terme de cette épreuve où il lui semblait que Dieu l'avait abandonnée aux mains du démon, Jésus lui apparaît. Elle le questionne : où étiez-vous pendant ce temps ? Et Jésus de répondre qu'Il était en elle. Catherine ne peut croire que Jésus ait pu cohabiter avec l'enfer. Il lui demanda si elle avait souffert et à sa réponse, évidemment affirmative, Il déclara : c'est parce que j'étais en toi que tu souffrais.

Le véritable désir de Dieu, la véritable "sexualité" se révèle d'une manière fort obscure par la souffrance.Elle n'en souffre pas ou plus les déviations, alors que le pécheur ou le saint, avant sa conversion, péchait joyeusement et pouvait se complaire dans les turpitudes des déformations de l'amour.

Cette épreuve dure généralement assez longtemps, dans les cas que nous connaissons, d'une année entière à trois ans. Quand cesse ce tourment, la paix qui s'installe dans l'âme est définitive. C'est comme si Dieu avait joué à colin-maillard. Il a bandé les yeux de sa victime d'amour et la fait tourbillonner dans le noir jusqu'à ce qu'elle perde le sens de son orientation naturelle. Ce qu'elle va goûter alors, elle ne pourra plus le comparer à ce qu'elle a vécu auparavant, dans le domaine de la sexualité, comme s'il n'existait plus aucun rapport avec une quelconque expérience passée.

C'est comme inconsciemment que Thérèse d'Avila ou saint Jean de la Croix se serviront du vocabulaire courtois avec toute sa suavité et ses finesses pour ne pas dire ses raffinements.

Le sublime et l'obscène

L'Admirable Jan de Ruysbroek, cependant, en parlera à sa manière à lui, c'est-à-dire sublimement, dans son "Ornement des noces spirituelles" :

De la jouissance chaste

«L'âme qui a été au-devant du Christ sent la douceur, et de cette douceur naît une jouissance chaste qui est l'embrassement de l'amour divin, serrant le fond de l'âme. Or, prenez toutes les voluptés de la terre, fondez-les en une seule volupté, et précipitez-la tout entière sur un seul homme, tout cela ne sera rien auprès de la jouissance dont je parle ; car ici c'est Dieu qui coule au fond de nous avec toute sa pureté, et notre âme n'est pas seulement remplie, mais débordée.

Cette expérience est la seule lumière qui puisse montrer à l'âme l'épouvantable misère de ceux qui vivent sans amour. Cette jouissance fait fondre l'homme, il n'est plus maître de sa joie.

Cette joie produit l'ivresse d'esprit. J'appelle ivresse d'esprit, cet état où la jouissance dépasse les possibilités qu'avait entrevues le désir. Quelquefois, la surabondance de joie pousse à chanter, quelquefois à pleurer. Quelquefois, pour soulager le transport, l'homme demande secours au mouvement ; quelquefois, aux cris ; quelquefois, au profond silence des délices brûlantes et muettes. Quelques-uns disent : mais les autres hommes ne sentent-ils pas Dieu ? D'autres disent : jamais, jamais, jamais la créature n'a senti ce que je sens. Il y en a qui s'étonnent de ce que le monde entier ne prenne pas feu. D'autres demandent quelle est cette jouissance et d'où elle part : que m'est-il arrivé ? Le corps, lui-même, ne peut éprouver en ce monde un plaisir plus délicieux. Quelquefois il semble que l'âme va éclater. Au milieu de la stupeur un acte naît, c'est l'action de grâces... Seigneur, je ne suis pas digne..., mais j'ai besoin de cette immense bonté... Alors vient l'humilité qui est le point de départ de l'homme, et l'homme va monter à un état plus haut.»

Ceux qui s'aiment et expriment leur amour dans le langage du corps, appelé à devenir le Temple de l'Esprit, membre du corps mystique du Christ, pressentent confusément, d'une manière presque contemplative, infuse, que l'aboutissement de leur union est en Dieu. La vocation du couple est trinitaire, l'amour est mouvement et circulation vitale entre le Père, le Fils et le Saint-Esprit. Je laisse ici poursuivre une voix plus autorisée que fit entendre Urs von Balthasar, celle d'Adrienne von Speyr, grande mystique contemporaine, médecin, épouse et stigmatisée. Mystique très contemporaine, surprenante comme nous surprend souvent l'Esprit particulièrement en cette fin de XXème siècle :

«Mais il n'y a pas seulement un parallèle entre l'amour physique et la prière, le rapport entre eux est tel que la femme est amenée à Dieu par l'homme, et l'homme par la femme, chacun voit en l'autre un symbole, une représentation de l'amour incarné de Dieu, et si leur amour est pur, ils découvrent derrière et sous cette forme physique, de façon toujours plus concrète, l'amour de Dieu, et ils sont amenés à l'adorer, à se soumettre et à s'abandonner à Lui.»

Ces paroles d'Adrienne nous maintiennent dans le sublime.Il faut avoir connu un haut degré d'union à Dieu pour contempler avec les yeux de la sagesse divine le mystère de la sexualité dans sa pureté originelle. Le monde qui nous environne, la moralité prônée par le gouvernement dans ses choix éthiques est celle du primat de la jouissance et de l'objectivation de l'autre, conduisant au cynisme et au désespoir. Les couples de Chagall, enlacés dans le ciel de Vence comme au dessus de la Jérusalem du Cantique des Cantiques, où sont-ils ? Qui est capable de se donner purement, c'est-à-dire totalement, sans mélange et de recevoir l'amour sans revers d'angoisse ou de haine, sinon le mystique ? La réponse aux grandes questions qui menacent aujourd'hui la famille catholique n'est ni technique, ni éthique, elle est mystique. Un couple vivant dans l'oblation et la contemplation – ce qui est de plus en plus fréquent grâce au renouveau actuel – doit s'attendre de la part de Dieu à des tentations et des purifications, à des appels à la continence pour des temps déterminés ou non.

Affirmer que le but de la sexualité c'est Dieu peut paraître choquant. Cela le devient dès que notre regard se détourne de la contemplation, dès que nos failles psychologiques nous ramènent à nous et à nos phantasmes. Alors le langage des grands mystiques devient insupportable, obscène même. J'ai lu pour la première fois un texte de sainte Thérèse d'Avila, en 1968, dans un manifeste de la "révolution sexuelle", il s'agissait du sublime récit de la transverbération qui a été tant de fois étudié par des psychanalystes athées, matérialistes. Jean Guitton réplique : «Est obscène tout être qui rompt sa relation avec sa finalité ultime, c'est-à-dire Dieu». Quant à la sexualité, il est clair que l'obscénité la menace de toutes parts : la nudité d'un sexe, détachée de l'amour, risque d'être obscène par essence.

Sartre était logique avec lui-même, croyant au néant (à l'absurdité de l'être). Une réalité détachée de sa fin devait lui paraître absurde, "de trop".

Le "sexe" ne peut être pleinement justifié, honoré et béni, que si on le rapporte à Dieu. Ce qui revient à dire (avec Lacordaire, Salomon et Platon) qu'il n'y a qu'un seul amour, l'amour divin et que nos amours humaines pour demeurer de vraies amours devraient se dépasser, sans s'abolir : c'est-à-dire se sublimer.

La sublimation dont parle Guitton n'est pas le processus psychologique que nous connaissons, elle est le résultat d'un effort ascétique dans la recherche du sublime et dans une saisie mystique de la part de Dieu. Cette dernière, rappelons-le, nous fait perdre totalement le souvenir des rapports vulgaires, obscènes. Le mystique ne peut pas s'arrêter en chemin sous peine de dommages épouvantables pour son âme. Ce fut l'erreur des quiétistes de croire que, parvenus à un certain degré d'oraison «tout leur était permis». D'autres hérésies ayant commencé par l'Esprit ont fini ainsi dans la tristesse de la chair.

La sensualité que l'on découvre chez les mystiques est strictement opposée au sensualisme mystique, à la recherche des sensations. Si par hasard ils remarquent que leur corps est saisi en même temps que tout leur être dans un embrasement d'amour et que leur corps y participe, ils ne s'y arrêtent pas, considérant la chose comme un accident dû à l'impréparation, à une purification insuffisante.

Thérèse d'Avila conseillant son jeune frère Laurent qui dans certains états d'oraison était sujet à des pollutions, lui recommanda de ne pas accorder la moindre attention au phénomène, elle avouait qu'elle-même n'en avait jamais fait l'expérience. La psychanalyse a-t-elle lu Thérèse jusque-là ?

Seule, la sagesse divine peut nous guider et nous conduire à vivre d'une manière sublime – et non sublimée comme on dirait abîmée dans les deux sens du terme – seule, la sagesse divine, par le don de sagesse, peut nous donner de connaître véritablement et le Créateur et sa créature. Cette voie qui passe par de grands renoncements peut paraître inhumaine, c'est ignorer complètement la sagesse, qui est folie d'amour et qui, pour ses amants, n'est pas à une folie près. On peut se perdre pour ce "je-ne-sais-quoi qui se rencontre d'aventure", notons que le terme poétique "aventure" avait dans le vocabulaire poétique de l'époque de saint Jean de la Croix, une connotation courtoise très marquée.

Plus que jamais la voie mystique, dans le domaine de la sexualité, pour aller au tout passe par le rien, par un terrible anéantissement où il devient impossible de prier, de se concentrer sur une pensée pieuse. Sans faire l'expérience de la damnation, celui qui avait été favorisé de grâces sensibles jusque-là se sent alors réprouvé, coupable et coupé de Dieu. Cette épreuve est si terrible qu'un Père qui la subissait pria longuement le ciel de l'en délivrer. Saint Jean-Baptiste l'intercesseur – cette histoire se passe dans l'Orient chrétien – lui apparut et lui déclara que s'il le voulait, cette épreuve se terminerait sur-le-champ mais qu'il perdrait une grande couronne. L'histoire dit que le moine préféra perdre cette couronne promise, celle de la pureté du coeur, tant il avait souffert de ce purgatoire qui ressemblait plutôt à l'enfer.

Silouane, moine du Mont Athos dont l'archimandrite Sophrony nous a transmis l'héritage et le message, vécut ce tourment jusqu'à son terme. Alors qu'il suppliait lui aussi le ciel, il entendit cette parole : garde ton âme en enfer et ne désespère pas. Précieux conseil qui s'adresse à tous ceux qui sont dans l'épreuve du blasphème. En effet, ces flammes de l'enfer sont celles du purgatoire, celles de l'amour qui opère ce que l'Orient nomme une refonte ontologique. L'or le plus pur sort de ce creuset de la souffrance qui développe une foi d'"athlète", au sens paulinien du terme, une espérance contre toute espérance, une patience et une découverte de la sagesse de Dieu qui est tellement folle pour notre humanité que seul, un total abandon entre les mains de Dieu, même au coeur de ce que nous percevons comme un enfer, que seule une totale obéissance aux voies divines peuvent nous garder du désespoir et de la tentation de suicide.

Cette épreuve est classique, classiques aussi les réactions surnaturelles de Silouane. Tantôt la chair se sent flattée : être trouvé digne de subir un tel martyre n'arrive qu'aux saints. La tentation d'orgueil attise le désir de surmonter seul les effets de la sagesse divine, mais cet effet n'est que de courte durée, il cède bientôt la place au salaire de l'orgueil, c'est-à-dire le désespoir.

Tantôt la chair et l'esprit succombent aux assauts de l'enfer et le saint se croit perdu. Il n'y a plus d'espoir, même la miséricorde divine ne peut pas sauver une âme aussi souillée ! Vient alors le désir de la mort et la tentation de suicide. Mais comme l'a dit Marie Noël dans un poème où l'espérance le dispute au désespoir : la mort n'est pas assez la mort.

La lumière intense qui brille de plus en plus cachée dans les ténèbres refuse l'athéisme, la mort n'est pas le néant et celui qui cherche un soulagement soupire après une sorte de néant, de sommeil éternel. En fait, si toutes les facultés semblent prises dans cet enfer, la fine pointe dc l'âme reste unie à Dieu et ne voudrait à aucun prix en être séparée. Alors le moine se rcssaisit et marche sur cette ligne de crête très étroite, répondant à l'orgueil par des actes d'humilité qui ramènent la paix et au désespoir, par des actes anagogiques : même si tu me damnes jusqu'au fond de l'enfer, je confesserai ton amour. Cette dernière parole, beaucoup de saints l'ont prononcée.

Redisons-le pour tous ceux qui passent dans cette vallée de l'ombre de la mort, pour la multitude des tout-petits, de ces petits saints des derniers temps que nous sommes appelés à être, ces pensées, ces terribles pensées ne viennent pas de notre propre volonté. Dieu laisse à l'ange de Satan le droit de nous souffleter. Mais si celui-ci a surtout prise sur l'imagination et la mémoire, il ne peut toucher au saint des saints de notre esprit. Les fumées de l'enfer nous en masquent l'entrée jusqu'à nous faire totalement douter de son existence. Non, ce n'est pas nous qui insultons Dieu, il n'y a pas de péché à demeurer dans cet état, c'est une école et nous plaisons davantage à Dieu en nous y soumettant que lorsque nos pensées essayaient de se réserver toutes pour Dieu dans une garde du coeur, de la langue ou du regard.

Il faut noter, pour conclure ce chapitre, que Dieu est seul juge des temps et des moyens. Certains saints, par exemple, n'ont pas connu ces terribles tribulations dans les sens, souvent par une intervention de la Vierge Marie. Saint Ignace, par exemple, était pétri de littérature chevaleresque, de roman courtois. Or si l'on sait qu'ils sont d'inspiration mystique : parcours initiatique qui aboutit à la rencontre avec l'être aimé, on sait également que ce dernier n'était pas dépourvu de charmes et que l'époque ne s'embarrassait pas de retenue pudibonde pour décrire les ébats mérités par tant d'épreuves. Or, Ignace avait découvert la Légende Dorée et se proposait, dans une ferveur un peu naïve de prosélyte de les imiter. Les habitudes de la chair lui barrèrent bien vite la route mais Dieu connaissant la grande souffrance de la maladie des scrupules qu'il lui faudrait subir lui épargna cette épreuve :

«Et déjà s'en allaient à l'oubli ses imaginations passées, au profit des saints désirs qu'il avait, lesquels lui furent confirmés par une visitation spirituelle de la manière suivante : étant resté, une nuit, éveillé, il vit clairement une image de Notre-Dame avec le Saint Enfant Jésus et de cette vision, qui dura un notable moment, il reçut une très extraordinaire motion intérieure et il resta avec un tel écoeurement de toute sa vie passée et spécialement des choses de la chair, qu'il lui sembla qu'on avait ôté de son âme toutes les sortes d'images qui s'y trouvaient peintes. Ainsi, depuis cette heure-là, jusqu'en août 1553 où ceci est écrit, il n'eut jamais le plus petit consentement pour les choses de la chair.»

XII

VALEUR REDEMPTRICE DES NUITS

Ce que vivent les saints, ils le vivent non parce qu'ils sont des êtres d'exception mais parce qu'ils sont hommes

Pour Jésus, comme pour la Vierge, comme aussi pour certains saints déjà parvenus à un haut degré de perfection, la nuit n'a pas de valeur purificatrice pour eux-mêmes mais pour le monde. Ils sont identifiés au péché afin de le détruire grâce à leur offrande. Ils deviennent autant d'agneaux qui portent le péché du monde. Nous pensons fortement ici à Marthe Robin qui était déjà "largement purifiée" dès l'âge de trente ans et qui a vécu cinquante années "supplémentaires", paralysée, sans boire ni manger dans la nuit de sa petite chambre maintenue obscure à dessein. Elle ne pouvait en effet supporter le moindre rai de lumière sous peine de tomber dans le coma depuis qu'elle avait offert ses yeux pour le pays durant la seconde guerre mondiale. Cette nuit concrète laisse présumer quelles nuits spirituelles de tous ordres Marthe a pu endurer pendant ces cinquante années. Nuits qui allaient féconder l'enfantement des Foyers de charité ainsi que des nouvelles communautés qu'elle avait prophétisées dès 1936 dans l'intuition d'une nouvelle Pentecôte d'amour et d'un printemps de l'Eglise. N'accouche-t-on pas, de plus, souvent de nuit ?

Nuits qui allaient porter les ténèbres du monde moderne, les porter pour les absorber de même que l'éponge absorba l'amertume du vinaigre présenté à Jésus.

N'y a-t-il pas un antagonisme frappant entre cette obscurité où vivait Marthe, cette privation de tout et ce nom béni et choisi de "foyer de lumière et de charité", véritables flambeaux illuminant, réchauffant, attirant nos pauvres coeurs humains pétrifiés par le gel de l'indifférence. Nous sommes trop habitués à parler de foyer, nous en avons perdu toute la saveur. Un foyer est plus encore qu'un brasier, bien davantage qu'une flambée emportant avec elle un je ne sais quoi d'éphémère. Par cet enfantement des foyers, le Seigneur avait promis à Marthe de renouveler non seulement l'Eglise mais le monde entier. Et, effectivement on peut déjà estimer à des dizaines de milliers les témoignages de conversions issues de ces foyers. Des conversions fécondes, des conversions durables, une pépinière de vocations, dira-t-on, et aussi de fondations de tous ordres qui laissent entrevoir l'aube du troisième millénaire de l'Eglise.

Mais ce qu'a vécu Marthe de façon exemplaire, nous le vivons tous a minima. Notre grâce baptismale fait de nous de petits agneaux destinés à porter une part de ce péché du monde dans une élévation oblative selon ce que disait la petite stigmatisée de Châteauneuf : toute vie en ce monde est une messe et toute âme est une hostie. C'est ce qui explique que les nuits puissent prendre, suivant les temps que nous vivons, des colorations différentes, si l'on peut dire.

Sainte Thérèse de l'Enfant-Jésus a porté l'athéisme du XXème siècle. Tous les arguments fallacieux que nos philosophes existentialistes athées allaient nous suggérer quelques années plus tard, elle les a reçus, intuitivement bien sûr, de plein fouet comme autant de lacérations sur son âme virginale. Le doute s'est insinué en elle à la manière perfide de l'antique serpent qui ne se renouvelle guère. Ce doute l'a écartelée, déchirée à tel point qu'elle a pu s'écrier dans un souffle : «Jamais je n'aurais cru qu'il fût possible de tant souffrir, je ne puis m'expliquer cela que par l'ardent désir que j'ai eu de sauver les âmes.» Et au plein coeur de la tempête, la petite Thérèse posait des actes de foi héroïques. Elle répétait la faisant sienne quelque phrase de Job : *«Quand même il me tuerait, je continuerai d'espérer en Lui»*.

L'écrit le plus significatif de la sainte de Lisieux, nous le trouvons dans ses "Manuscrits autobiographiques" (p.250) où nous pouvons mesurer l'envergure prophétique de cette toute petite fille choisie par Dieu pour confondre la sagesse des sages. Elle expérimente la nausée de Sartre et la fascination du néant ; l'auteur de cette illusion se voit démasqué par une enfant :

«Aux jours si joyeux du temps pascal, Jésus m'a fait sentir qu'il y a véritablement des âmes qui n'ont pas la foi... Il permit que mon âme fût envahie par les plus épaisses ténèbres et que la pensée du ciel, si douce pour moi, ne soit plus qu'un sujet de combat et de tourment... il faut avoir voyagé sous ce sombre tunnel pour en comprendre l'obscurité !...

Tout à coup, les brouillards qui m'environnent deviennent plus épais, ils pénètrent dans mon âme et l'enveloppent de telle sorte qu'il ne m'est plus possible de retrouver en elle l'image si douce de ma patrie, tout a disparu ! Lorsque je veux reposer mon coeur fatigué des ténèbres qui l'entourent par le souvenir du pays lumineux vers lequel j'aspire, mon tourment redouble ; il me semble que les ténèbres, empruntant la voix des pécheurs, me disent en se moquant de moi : tu rêves la lumière, une patrie embaumée des plus suaves parfums, tu rêves la possession éternelle du Créateur de toutes ces merveilles, tu crois sortir un jour des brouillards qui t'environnent ! Avance, avance, réjouis-toi de la mort qui te donnera, non ce que tu espères, mais une nuit plus profonde encore, la nuit du néant».

Il faut savoir que Marthe, avant sa trentième année, a été visitée par la petite Thérèse : «Tu vas continuer ma mission» lui avait-elle confié.

Oui, bien sûr Thérèse poursuit sa mission au ciel, comme Marthe qui, maintenant, se tient aux portes de l'enfer pour empêcher, s'il est possible, les âmes d'y entrer. Mais l'Eglise triomphante et l'Eglise militante marchent main dans la main et il faut bien poursuivre ici-bas ce combat mené si courageusement par nos deux amies dans le ciel.

Le vertige de la confusion morale

Le monde a encore évolué ces dernières années. On ne marche pas impunément bravant Dieu, niant Dieu. Nous voici pris dans la spirale de la décadence. On ne distingue plus le bien du mal. On tue les enfants dans le sein de leur mère sous couvert de bien. Et les mères de famille portant leur cinquième ou leur sixième enfant s'en vont, confuses, chez le médecin qui les a toisées, effaré : comment, vous songez à garder cet enfant ? Mais vous n'y pensez pas ? Elles se sentent culpabilisées. Comme cette jeune fille de la DDASS, âgée de dix-neuf ans qui devait avorter un jeudi soir : tout était planifié... sauf cet office monastique où l'on prie pour les malades. Alors que, non-baptisée, elle assiste distraitement à la prière, elle est bouleversée par une prophétie : «Il y a parmi nous une jeune femme qui doit avorter, le Seigneur lui demande, le Seigneur la supplie de garder cet enfant». Elle s'assied sur sa chaise, une douce chaleur l'envahit, elle s'en laisse pénétrer. Elle resterait bien là des heures, c'est si doux d'être aimée. Sa décision est prise, elle n'avortera pas. Et même plus, elle se fera baptiser en même temps que son enfant. Mais au prix de quelle souffrance ! Les éducateurs, les assistantes sociales, gens bien intentionnés la semoncent durement, la menacent, même. On lui interdit tout contact avec nous. On entrave sa libre circulation pour la soustraire à notre influence. Au coeur de ce déferlement d'agressivité, la future maman va être ébranlée dans sa conviction. Elle n'ose plus parler de son enfant à personne, elle a honte d'avoir dérogé à l'implacable loi défendue par ses éducateurs : tu vas faire un malheureux de plus sur la terre, tu t'en repentiras, et lui te le reprochera.

Avec naïveté, elle nous confiera en pleurant : je ne sais plus où j'en suis : ce qui est bien, “ils” disent que c'est mal et ce qui est mal, “ils” disent que c'est ça qu'il faut faire. Ce n'est que par la grâce de Dieu que l'enfant verra le jour.

On ne discerne plus le bien du mal, l'échelle des valeurs n'est même pas renversée, il n'y a plus d'échelle, tout est confus. Et voici un trait nouveau de la nuit de l'esprit : le vertige de la confusion morale. Jamais décrit auparavant, il est caractéristique de notre époque. A l'instar de nos contemporains qui le vivent dans l'inconscience la plus totale, celui qui s'est livré à Dieu va plonger dans ce désarroi où la perte des repères fait que l'on ne sait plus où marcher, c'est le chemin des nuages qui est en fait une absence de chemin où l'on craint de se fourvoyer à tout instant.

Où est le bien, où est le mal ? On ne sait plus. On ne sait pas davantage quoi confesser, on est péché, c'est tout ce que l'on sait. C'est un signe du temps.

Traditionnellement dans le judaïsme on commence la liturgie du shabbat à l'heure précise où l'on ne distingue plus un fil blanc d'un fil noir, le blanc et le noir, symboles de pureté et de péché.

Le troisième crépuscule

Nous sommes donc à l'heure où les couleurs du bien et du mal se confondent... C'est que le grand shabbat approche. Au crépuscule du sixième jour, le Père, voyant que tout ce qu'Il avait fait était bon, se reposa : premier shabbat ; au crépuscule du Vendredi saint, le Fils, après le rude labeur du pressoir de la croix se reposa dans le tombeau. Nous sommes en attente du shabbat de l'Esprit qui «poursuit son oeuvre dans le monde et achève toute sanctification», préparant son Eglise pour qu'elle soit sans rides et sans taches pour consommer sa vocation nuptiale. Réjouissons-nous donc, on ne distingue plus un fil *part entière. Ce qui n'a pas de prix. De plus il est rempli d'humour et arrive à me faire rire.*

Je suis toujours apragmatique dans le travail. Il faut quelqu'un pour me stimuler, m'entraîner.

Décembre 83

Toute pratique religieuse me semble hypocrite. C'est à ces moments-là que le désespoir est le plus intense et que je ressasse les plus sombres pensées. Toute parole pieuse ne fait que m'enfoncer davantage.

Mon Père spirituel paraît m'abandonner, désespérer de mon cas. Il me semble que le dernier bastion en qui je pouvais me fier s'effondre. Toute ma révolte contre Dieu se cristallise sur lui.

Février 84

J'ai honte d'être un contre-témoignage, honte d'être au-dessous de tout, honte de décevoir mes proches, ceux que j'aime. Je n'ai plus ni personnalité ni visage. Je suis un corps sans âme. L'autre jour F… m'a dit : tu n'as pas changé. Cela me semblait illusoire mais j'en ai été consolé pendant quelques instants (petite bouffée d'espérance).

Juillet 84

Je ne veux toujours pas voir ma mère. Je ne veux pas qu'elle me voie dans cet état. Peut-être que je lui en veux de m'avoir mis au monde. Je suis dans le camp de ceux qui comme Job ne peuvent pas bénir le jour de leur naissance – je n'ai pas osé écrire maudissent – mais j'aime et je bénis ceux qui le font à ma place.

Je revis avec une acuité terrible certains manques dans l'attitude de ma mère ou de mon père. Manque de tendresse, autorité implacable et rigide.

8 septembre 84

En la fête de la Nativité de la Vierge, je sens qu'un mince filet de vie recommence à couler dans mon coeur, quelque chose de mon âme se met à vibrer... En constatant cela, mon désespoir s'estompe, je comprends que j'aurai la force de continuer à vivre. Ma nuit se remplit d'étoiles pour me guider.

C'est le commencement d'une lente résurrection qui prendra deux à trois mois. Trois ans de descente aux enfers... a posteriori, c'est peu dans toute une vie, mais il faut le vivre jour après jour... avec toute l'incertitude pronostique qui accompagne un tel état, pour comprendre le désarroi de tous au cours de pareille épreuve.

Nous avons rapporté quelques extraits de ce journal car il rend bien compte de la tournure que peut prendre une nuit de l'esprit dans les temps qui sont les nôtres.

Fragilité psychique sous-jacente ? Peut-être, qu'importe ! Cette personne n'était pas psychotique avant son épreuve, elle ne l'est pas davantage à son issue. Alors ? Mystère de la sagesse divine : *ce qui est fou aux yeux du monde, voilà ce que Dieu a choisi pour confondre les sages* (1 Co 1,27).

Cette expérience de la folie, avec son cortège d'hallucinations, de délires et d'interprétations est sans doute pour une purification personnelle mais en même temps pour une participation à la nuit du monde. Cette descente aux enfers de la psychose où l'être est déchiré, divisé contre lui-même et contre tous va porter son fruit en son temps. Le premier de ces fruits est la réunification de l'être intérieur et sa communion intime au mystère trinitaire.

Les mystiques parlent souvent de la consommation dans l'unité comme du but ultime de leur vie d'amour pour le Seigneur. Or justement la psychose est le lieu du morcellement, de l'éclatement et de la division. C'est en cela qu'elle se rapproche de l'enfer. Elle est antagoniste de cette unité. Il n'est pas anodin de constater que saint Jean, dans son Evangile, n'évoque pas l'agonie de Gethsémané alors qu'il y était présent. Par contre, la dernière parole de Jésus qu'il rapporte avant son arrestation au jardin du pressoir est celle de la prière pour *crois que c'est le démon qui vient voler mon âme et que le Seigneur le laisse faire. Je crois que pour en arriver là j'ai dû pécher contre l'Esprit Saint, d'ailleurs les blasphèmes contre lui se bousculent dans ma tête à une vitesse vertigineuse.*

Plongée à pic dans le désespoir. Devant le silence et la non-intervention de Dieu, je comprends qu'Il m'a abandonné à tout jamais. Cauchemar de chaque minute qui devient éternité. Le délire se déclenche à fond dans le sens paranoïaque (ou paranoïde ?). Tout me confirme que je suis damné. Mais j'aime encore le Seigneur et suis déchiré indiciblement par son abandon. Je m'identifie à Judas. Ricanements démoniaques dans mon esprit devant ma détresse. Douleurs du coeur et de l'esprit intolérables. La prière m'est impossible, sauf un cri de désespoir : Seigneur rends-moi mon âme !

Dialogue de sourd avec mon entourage à cause du délire qui me fait interpréter tout, selon une logique implacable prouvant ma damnation. Phénomènes d'hallucinations visuelles et auditives. Je regarde certains serviteurs de Dieu comme d'autres damnés qui ont manigancé de m'entraîner dans leur chute. Peu à peu je commence à considérer Dieu comme un monstre sadique, la prière est totalement interrompue, et celle des autres semble m'enfoncer dans la condamnation. Je ne suis plus capable de rien.

Juillet 82

Je n'ai plus qu'une idée : perdre connaissance. Ne jamais avoir existé. Je crois que tout cela est arrivé par ma faute, à cause de mon péché et la juste condamnation ne fait que commencer...

Il y a différents degrés de désespoir, peut-être le mien est-il proportionnel à l'espérance que j'avais avant. Tout ce qui me consolait autrefois ne fait que rajouter à ma souffrance.

Septembre 82

Je me sens comme un nourrisson. J'ai besoin d'aide pour les choses les plus élémentaires comme me laver et m'habiller. Heureusement le frère L. est là et il fait tout cela avec un naturel inouï, souvent avec humour. J'aime entendre parler des choses concrètes de la maison, je ne puis plus prendre l'initiative d'une conversation mais le silence m'oppresse.

Décembre 82

J'ai l'impression lorsque je communie de commettre un sacrilège irrémédiable qui ajoute encore à ma condamnation. C'est comme si je torturais volontairement le Seigneur.

Janvier 83

Le délire s'estompe et j'en prends conscience. Ma culpabilité disparaît et mes angoisses diminuent. Ma terreur d'être damné fait place à la perte de la foi. C'est le règne de l'absurde où je vois comme très heureux ceux qui ont la chance de croire – je me dis mieux vaut une illusion heureuse qu'une lucidité malheureuse. Je recommence à pouvoir lire et c'est ma seule évasion deux ou trois heures par jour. Je dors un maximum pour vivre un minimum. Comme je ne crois plus à l'enfer et que mon désespoir est total je projette de me suicider, mais je n'ai pas la force de passer à l'acte. Je ressasse le suicide tout le temps, je me perçois comme dans le monde des morts, séparée des vivants, avec souvent des crises genre schizo qui sont pires que la mort.

Juillet 83

Départ pour X... deux évasions supplémentaires me sont possibles : regarder la télévision et me promener en ville. Cette liberté me permet de suspendre mes obsessions du moins pendant un temps. Cela me sert aussi à meubler des conversations, car pour le reste tout est vide.

Mi-août 83

Premier contact avec le psychiatre. Très délicat, il agit avec beaucoup de tact. Il prend le temps de m'expliquer comment les médicaments agissent, il me prévient des effets secondaires. Il me traite non comme un malade mais comme une personne à blanc d'un fil noir, c'est qu'elle est proche, l'heure où l'Esprit pourra prendre son repos.

La descente aux enfers de la psychose

Autre aspect nouveau que n'ont pas connu les siècles précédents, cette nuit du monde est actuellement stigmatisée par une véritable immersion dans la psychose. Ceci est rendu manifeste par la production artistique.

L'art est à une civilisation ce que le regard est à un visage : une fenêtre sur l'âme. Dis-moi quel est ton art et je te dirai l'état de ton âme ! Que nous révèlent la peinture, la musique, la sculpture, l'architecture de ces dernières décennies ? Une tendance à l'abstraction, à l'impénétrabilité, à l'hermétisme. Il suffit de brancher son poste sur France-Musique pendant la rediffusion de musiques contemporaines, pour se rendre compte que ce qui prime, c'est la disharmonie et la discordance. Tout le génie créatif semble s'orienter vers une pensée déréelle, une pensée éclatée qui sous-entend un mode psychotique de perception du monde. Visitons n'importe quelle galerie d'art, nous y trouverons exposés les phantasmes chaotiques les plus débridés.

La science elle-même a fait éclater les catégories logiques de l'entendement. La théorie de la relativité est dépassée, on en est maintenant à l'anti-matière. La mathématique moderne vole à des sphères où deux et deux ne font plus quatre. Quant à la biologie, elle devient le royaume de l'apprenti sorcier ; la congélation d'embryons humains n'en est qu'un épiphénomène et il n'est pas jusqu'à l'urbanisme qui ne soit atteint de psychotisation. Villes tentaculaires aux monstres cubiques de béton, de verre et d'acier où la promiscuité ne fait qu'élargir l'abîme qui sépare les êtres.

On s'entasse dans le métro sans se regarder, sans se rencontrer : l'autre n'est plus un alter ego, un frère, il est devenu l'étranger. Le morcellement va jusqu'à pénétrer la cellule familiale : couples divorcés, enfants avortés, adolescents en mal de vivre qui tentent de fuir dans la drogue, grand facteur de dissociation, dans la violence, la fausse mystique et souvent le suicide.

Notre fin de XXème siècle est psychotique comme le siècle des prétendues lumières a pu être hystérique et le XIXème marqué par la rigidité obsessionnelle. Dans cet enfermement où l'on se réfugie entre deux écouteurs de walkman, dans ce vide croissant où l'absurde pourrait devenir intolérable, l'objet devient fascination. On consomme, on ingurgite, on essaye de se remplir d'images, de bruits, on aime au rabais sans jamais être rassasiés. C'est le dernier sursaut de vie d'une civilisation agonisante. Le Seigneur nous oublierait-il ? Non, le Seigneur a bu cette coupe de déréliction jusqu'à la lie, au soir du Jeudi saint, et il continue de la boire à travers nous qui nous sommes offerts, à travers son corps mystique qui est l'Eglise.

Voilà pourquoi nos nuits de l'esprit sont peut-être plus que jamais marquées par l'expérience psychotique.

Voici quelques extraits du journal de bord d'une intime de Dieu passée au creuset de l'épreuve.

Fais sortir de prison mon âme,
***que je rende grâce à ton nom !* (Ps 142,8)**

Carême 82

Poussées d'angoisses incoercibles. Moments de déconnection d'avec le réel, sensation très précise que la mort pénètre mon âme, que la terre s'ouvre sous mes pieds pour m'engloutir. Mais la prière continue et aussi la volonté de lutter. A certains moments je suis complètement prostré, ce qui me culpabilise effroyablement compte tenu de ce qu'on attend de moi.

Mai 82

Dans la nuit, impression très violente que mon âme est arrachée de mon corps. Je n'ai plus de souffle pour crier. Je l'unité : *«Comme toi, Père, tu es en moi et moi en Toi, qu'eux aussi soient en nous... je leur ai donné la gloire que tu m'as donnée pour qu'ils soient un : moi en eux et Toi en moi, afin qu'ils soient parfaits dans l'unité»* (Jn 17, 21-25).

Rien n'est au hasard dans la Bible. Ce texte est exactement à l'endroit où saint Jean aurait pu placer l'agonie de Jésus à Gethsémané. C'est sans doute qu'il en tient lieu, qu'il en est comme l'équivalent en positif. C'est dans la division ultime de son âme, dans l'écartèlement de son psychisme oppressé par le mal, que Jésus nous enfante et nous entraîne dans ce mystère d'unité.

XIII

LES CAS MELANGES

Lorsque l'on connaît l'état des hôpitaux psychiatriques de l'époque on éprouve un certain frisson à l'idée que le frère Albert ait pu y être conduit. Quelques images de la Salpêtrière à Paris à la même époque sont assez suggestives : on y enchaînait les déments qui se tordaient dans tous les sens et vociféraient jour et nuit. Un véritable cauchemar !

Les neuroleptiques ont maintenant remplacé la camisole de force. Il n'en reste pas moins qu'il est parfois difficilement soutenable de se rendre à l'hôpital psychiatrique.

Un ami de frère Albert apprenant la nouvelle de sa dépression se rendit au couvent : on lui expliqua ce qui était arrivé.

– Comment, tonne l'homme, vous avez renvoyé un malade au lieu de le soigner ? Le Père explique "raisonnablement" que la règle ne convenait pas au frère et que les religieux ne peuvent pas soigner les malades qui ne sont pas des leurs, et que, donc, ce départ était inéluctable.

«C'est ainsi que vous agissez, vous chrétiens, on n'a donc pas de coeur dans cette "boîte" ? Je laisse sur votre seuil la poussière de mes pieds !»

Les Jésuites effarés virent l'homme furieux repartir [1].

En attendant, le frère Albert emmené par Stanislas ne se remet pas. De fait son état fait penser à une mélancolie aiguë. On sait qu'il est classique qu'au sein de leur prostration, les mélancoliques conservent une lucidité parfaite. Un jour que j'interrogeais un mélancolique qui était resté trois semaines prostré, sans parler, sans manger, ni boire, ni dormir, il me confia qu'il se souvenait parfaitement de toutes mes tentatives pour le sortir de son mutisme. Il répéta même certaines phrases que je lui avais dites. – Mais pourquoi ne répondiez-vous pas ? lui demandai-je. – Je ne pouvais, ni ne le voulais; seule, la pensée du suicide me rongeait et occupait toute mon énergie.

---

1. Maria Winowska : "Frère Albert ou la face aux outrages" – *Editions Saint-Paul – Paris.*

C'est ainsi que le frère Albert restait dans le jardin, immobile pendant des heures, les yeux fixés sur un livre ouvert qu'il ne lisait même pas. Il ne réagissait à rien de ce qui se passait dans la maison et même tout près de lui.

Cet ancien soldat qui avait tant de fois affronté la mort de face était pétrifié par son angoisse. Stanislas n'était pas un directeur spirituel ni un psychiatre, il ne comprenait rien à l'état de son frère, mais il l'aimait tendrement. L'amour lui inspirait les gestes, les mots justes. Il respectait son silence tout en demeurant discrètement présent.

Le frère Albert, pendant toute cette période, ne pouvait bien sûr même plus se rendre à l'église – par crainte d'être sacrilège sans doute. Un jour Stanislas eut recours à une ruse. Le sachant dans la chambre voisine, il amorça avec le curé une conversation sur la miséricorde. Tout y passa : l'enfant prodigue, la femme adultère, la samaritaine, le repentir de Pierre etc. Ils parlaient très simplement, monsieur le curé n'était pas un grand théologien mais il vivait son évangile. Ses paroles allaient droit au coeur.

Le frère Albert écoutait. C'était l'heure de Dieu. Il sentit comme une trouée dans les ténèbres. «Peut-être ne serait-il pas damné ?» Quelques heures plus tard, il demanda qu'on lui harnache son cheval, le valet manque d'en tomber à la renverse : «Grand Dieu, le monsieur muet vient de parler !»

Frère Albert fonce chez monsieur le curé, sans doute un saint homme de Dieu, car à l'instar du curé d'Ars, il paraît qu'il passait des nuits mouvementées et au su de toute la contrée, le démon le tracassait souvent.

Il confessa le frère Albert, le pacifia et lui donna la communion.

Le frère Albert revint à la maison, transformé. Sa famille n'en revenait pas de le retrouver si gai, expansif, simple, "lui-même, enfin", pensait Stanislas et pourtant si différent. Un jour on le surprit dans le jardin, se promenant le visage embrasé d'amour, il répétait sans cesse : comme Dieu est bon, comme il est miséricordieux !

que Dieu, fortement attiré par cette âme si désireuse de Lui appartenir, si amoureuse de Lui, s'est permis de la saisir tout entière, avec ses faiblesses, pour l'immerger en Lui, d'où cet ébranlement.

Nous avons beaucoup parlé de "Nuits" mais il n'est pas rare que le même genre d'ébranlement psychique se produise lors d'une expérience forte et lumineuse de Dieu.

Un tel, après une effusion de l'Esprit, présentera une bouffée délirante. Combien de groupes de prière ont connu semblables drames. Une jeune consacrée nous confiait que, lors de sa rencontre avec le Seigneur, elle vécut un véritable chemin de Damas. Elle fut emportée, en quelque sorte, aux portes du Ciel. Elle n'en sortit pas aveugle mais, pendant une bonne dizaine de jours, elle avait l'impression d'être comme dédoublée, de se regarder agir. Elle était quelque peu exaltée, voyant des signes un peu partout, très interprétative, ce qui avait fait dire à l'entourage qu'elle commençait un délire mystique. Très secouée par pareille suspicion sur l'expérience qu'elle venait de faire, elle saisit sa Bible et tomba sur ces mots de Saint Paul : *«En ton Nom, on m'a pris pour un fou, on m'a traité de fou»*. Douceur de la consolation de se savoir au moins comprise et respectée par Dieu. Les choses se tassèrent d'elles-mêmes – il s'agissait en fait d'un petit syndrome de dépersonnalisation sans conséquences – et elle poursuivit son cheminement de la façon la plus ordinaire. Or l'emprise de Dieu qu'a vécue cette jeune personne – qui, au demeurant, était perçue par son entourage comme très équilibrée, en dehors de cet épisode – n'a aucune commune mesure avec l'irruption de Dieu au coeur d'une nuit de l'esprit. Combien plus grands peuvent être alors les dégâts psychiques momentanément occasionnés ?

Nous sommes tous "mélangés"

Peut-être que certains sont plus exposés que d'autres. Pour eux, l'épreuve passera moins inaperçue. Ils pourront comme le frère Albert connaître l'humiliation d'une hospitalisation en "milieu spécialisé".

Cet artiste peintre polonais, si sensible et si délicat, se verra en effet contraint par ses frères à quitter le couvent pour l'asile d'aliénés :

«*Dès son entrée au noviciat, le frère Albert se livra avec un zèle remarquable au travail de son perfectionnement. Ce fut un novice modèle. Bientôt il commença les grands exercices de Saint Ignace. Sous l'effet des méditations, il fut assailli par l'idée fixe qu'il serait sûrement damné. Cette pensée le tourmentait à tel point, le plongeait dans une telle angoisse qu'il en résulta une vraie psychose, et finalement il fut contraint de quitter le noviciat*». On a peu de détails sur cette phase de sa vie, les supérieurs ayant toujours gardé une grande discrétion à ce sujet. Le fait est qu'après certaines extravagances, ils jugèrent bon, non seulement de le renvoyer, mais de le faire hospitaliser à la maison de santé de Kulparkov près de Lwow. Ceci se passait en 1881.

Les psychiatres ne purent pas grand-chose pour lui. Il était comme frappé de stupeur, ne parlait pas, ne mangeait pas. Lorsque, plus tard, son confesseur lui demanda des précisions, il répondit :

«J'avais toute ma connaissance, pas un seul instant je n'ai divagué, mais je souffrais un vrai martyre, une angoisse sans nom, j'étais littéralement torturé par d'effrayants scrupules».

Il n'aimait pas parler de cette période douloureuse car il craignait de blesser la charité...

Heureusement, son frère Stanislas vint le chercher au bout de quelques semaines. Il lui en fut éperdument reconnaissant. «Comme c'est bon que tu m'emmènes ! Je me sentais ici bien malheureux.»

Ce douloureux itinéraire que nous venons d'évoquer, relève-t-il d'une pure intervention divine ou s'agit-il d'un "cas mélangé", dans lequel la pathologie et le spirituel seraient profondément intriqués ? Mais qui n'est pas mélangé ? Hormis la Vierge et Jésus lui-même, qui peut prétendre posséder un psychisme intègre ? Il nous faut beaucoup d'humilité pour admettre cela, tant nous nous croyons à l'abri de toute décompensation psychologique. Peut-être ce jeune consacré, dont nous venons de révéler les "débats intimes", avait-il un "noyau psychotique" plus présent que chez d'autres. Peut-être a-t-il vécu un épisode de mélancolie délirante qui laisserait craindre la survenue d'autres épisodes de ce style. Cependant il a très peu réagi aux diverses thérapeutiques qui lui ont été administrées. La longueur de l'épisode, près de trois ans, ne plaide pas du tout en faveur de la mélancolie. Classiquement, une crise de mélancolie se résout spontanément en six mois maximum. Nous préférons penser que sans cette intrusion de Dieu dans sa vie, il n'aurait peut-être jamais présenté la moindre faille psychologique apparente. C'est qu'il ne s'agit pas de n'importe qui : il avait déjà acquis une profonde maturité en Dieu et un certain rayonnement, lorsque l'épreuve le terrassa.

Il avoua un jour s'être donné à Dieu dans un acte d'abandon total «lui laissant un entier et plein droit sur tout ce qui lui appartenait», y compris sa raison ! Dieu l'aurait-Il pris au mot ? Il est un peu hâtif de conclure cela. Nous pensons plutôt

Dans la suite, frère Albert entré dans le tiers ordre franciscain, fut un saint, il descendit dans les enfers… de la ville, dans les bas quartiers de Cracovie où la prostitution et la violence effrayaient tout le monde. Il se fit clochard avec les clochards. Il réussit à se faire aimer d'eux. Bien vite la ville lui confia l'asile des gueux. Frère Albert s'engageait à y résider avec ses frères, les pauvres, à apaiser leur faim en les nourrissant chaque jour, à faire tout son possible pour leur trouver du travail et les vêtir convenablement. Il s'attaqua à ces taudis immondes, lava et racla la crasse, fit la chasse aux punaises et aux poux, et enfin installa des grabats. Un peu plus tard il prend en charge l'asile des femmes qui dépassait en horreur celui des hommes. C'était aussi un lieu de prostitution.

Il eut bien vite des collaborateurs, les premiers Albertins, puis aussi quelques femmes qui vinrent sous sa houlette et ainsi il put garder d'autres asiles.

Après une vie éreintante où il s'était donné sans compter, il mourut le jour de Noël de l'année 1916 en odeur de sainteté. Sa cause introduite à Rome est en très bonne voie.

Frère Albert, cas mélangé ? Sans doute le crut-on de son vivant. Cependant sa crise de mélancolie ne connut jamais de récidive, il est donc difficile de se prononcer sur ce point.

D'autres, tout proches de nous, comme Monseigneur D. que la petite Thérèse vint chercher un premier octobre après une longue agonie virent toute leur vie grevée par l'affreux diagnostic de psychose maniaco-dépressive. Phases d'exaltation, phases d'abattement. On ne pourra jamais lui confier les tâches et les responsabilités qu'il aurait très bien pu mener à bien sans cela. Humiliation permanente d'un psychisme sur lequel on ne peut compter. On le mit sous sel de lithium, à vie. Il traversa son épreuve avec une paix et une joie communicatives et termina sa vie au sein d'une communauté contemplative.

Il va sans dire que toutes ces phases de mélancolie traversées dans l'offrande la plus pure, lui avaient tenu lieu de nuit de l'esprit, il en était ressorti profondément purifié, sanctifié.

Il est donc parfois superflu de se poser trop longtemps la question de la pureté d'une épreuve spirituelle. Le diagnostic de pathologie n'enlève rien à l'action de Dieu. Seule la conduite à tenir différera un petit peu. On insistera plus sur l'aspect thérapeutique tout en maintenant une direction spirituelle éclairée.

Louise du Néant ou les saints vont en H.P.

Il est une autre vie qui mérite d'être ici rapportée : celle de Louise du Néant qui est peut-être la plus extraordinaire au sens littéral, que le XVIIème siècle ait rencontré.

Cette jeune femme de la noblesse d'Anjou fut marquée par la souffrance dès son enfance : elle avait été prise en grippe par ses parents, on la traitait souvent de bête, on la battait. Malgré cela, on dira d'elle vers l'âge de vingt ans qu'elle avait l'esprit vif et pénétrant, une voix très douce et beaucoup de grâce. Vers l'âge de 37 ans, elle renonce à tous les beaux partis qui lui avaient été présentés et quitte sa famille pour entrer au couvent. A peine était-elle entrée au noviciat qu'elle tomba entre les mains d'un prêtre que l'on soupçonna de jansénisme. Ce fut pour elle l'origine d'une crise terrible : *«Il lui semblait sans cesse entendre la sentence de réprobation et les démons sans relâche lui disaient – Il n'y a point de Dieu pour toi, va-t'en aux flammes éternelles ... – elle poussait des cris, se tordait en tous sens et parfois elle s'échappait des fers où on l'avait attachée et allait dans la rue, suivie d'une multitude de chats, ce qui pour les gens de l'époque figurait des démons, si bien que l'on crut qu'elle était sorcière ou possédée et le menu peuple voulait la brûler. Enfin, on l'enferma à la Salpêtrière dans un cachot, en compagnie d'une vieille fille couverte d'ulcères et de vermine, si horrible à voir, qu'elle effrayait tout le monde»* [1].

---

1. Jean Maillard, "Louise du Néant – 1732", *Collection Atopia.*

XIV

LA PART DU DIABLE
OU
DE LA FASCINATION DU MAL
A LA FASCINATION DE LA CROIX

Un fait important à relever : elle n'eut jamais de rechute. Il ne s'agissait donc pas d'une psychose maniaco-dépressive qui est en général la maladie de toute une vie.

Le problème pour Louise fut qu'au lieu de réagir à l'intrusion de Dieu par une phase de prostration mélancolique, elle réagit par un état mixte où l'agitation maniaque est évidemment moins discrète, plus gênante pour l'entourage bien qu'elle signifie le même désespoir profond. Nous avions vu cela a minima chez Monsieur Olier pendant la phase où il ne pouvait s'empêcher de parler haut et de faire des manières alors qu'il était profondément déprimé.

Louise du Néant était, au demeurant, assez objective sur ce qui s'était passé pour elle, puisqu'elle disait : «Je me sens, par la miséricorde de Dieu, si disposée à tout ce qu'Il voudra, que si je devenais encore aussi folle que je l'ai été, je l'en bénirais.»

En fait, une prodigieuse métamorphose s'était produite en elle pendant cette crise de “folie”, ce qui nous pousse à dire que s'il ne s'agissait pas d'une simple pathologie comme on l'entend classiquement, il s'agissait bien d'un équivalent de nuit de l'esprit. La maladie mélancolique pure comme la manie, comme la moindre bouffée délirante n'opère pas ce changement profond. On parle même d'improductivité existentielle en ce qui les concerne et c'est peut-être là le principal élément de diagnostic différentiel (diagnostic qui ne peut se faire qu'a posteriori bien évidemment).

Bien sûr, elle eut une vie mystique remplie de faveurs extraordinaires mais elle demanda à Dieu que rien n'apparaisse au dehors. C'est ainsi que ses extases cessèrent en quelques mois. Elle était très primesautière, amusante surtout quand elle parlait de ses mortifications, que son père spirituel l'obligeait à avouer, c'était comme pour se les faire pardonner, pour en atténuer la rigueur.

Si, aux yeux du monde, elle apparaissait encore un peu folle, c'était plus d'une folie en Christ qu'il s'agissait maintenant : elle aurait voulu crier partout «amour, amour», rassembler tout le monde pour lui communiquer cet amour fou de Dieu qui l'avait embrasée.

A vrai dire, elle eut toujours la chance remarquable, compte tenu de sa fragilité nerveuse et peut-être d'une tendance à l'exaltation, d'être toujours bien dirigée. Le père Guilloré par exemple, jésuite très spirituel, était féroce pour tout ce qui pouvait avoir trait à une illusion. Défiant à l'extrême, il ne lui passait rien mais reconnut vite en elle une âme de la grandeur de celle de Catherine de Sienne. Il ira même jusqu'à mettre ses propres filles spirituelles à l'école de Louise du Néant. Cela ne l'empêcha pas de continuer à la rudoyer car pour lui le meilleur moyen de discernement était le mépris (!).

Enfin en 1681, elle quitta la Salpêtrière tout en gardant ses habits de folle pour continuer de s'humilier. Elle vécut dans les rues de Paris, s'occupant sans relâche à procurer du bien aux pauvres, à les consoler, à les évangéliser.

Trois ans plus tard, elle "se rangea" en quelque sorte, accompagnant sa cousine qui venait d'être chargée d'un hôpital. Elle continua à exercer la charité sans compter, prenant sur elle les tâches les plus ingrates et s'évertuant à ce que les pauvres malades aient un peu de consolation tout en menant une vie intense de prière : levers de nuit, longues oraisons, etc.

Toute la fin de sa vie fut remplie d'une joie paisible : «Je suis presque une enfant sans souci» disait-elle d'elle-même.

Souvent elle priait sur les malades et les guérissait, mais cela la rendait confuse et elle se défendait d'avoir le moindre pouvoir par elle-même.

Autant elle avait pu marquer, par ses extravagances, autant elle s'enfonça dans une douce humilité dans ses dernières années.

Elle mourut à cinquante-cinq ans d'une tuberculose qu'elle avait contractée en soignant les malades. Tout le peuple était présent à ses obsèques et son tombeau fut longtemps fréquenté comme celui d'une sainte.

Le tout-Paris venait la voir comme une bête curieuse ou une sorcière. Même les ecclésiastiques ne l'épargnaient pas. L'un d'entre eux, la voyant couchée sur un tas de paille pourrie lui dit : «Soeur Louise, voilà un bon feu de paille qu'on vous prépare».

Les cachots étaient des sortes de cabanons où les pauvres aliénés ne recevaient de l'air et du jour que par le guichet de la porte. *«Un anneau de fer qui les étreignait par le milieu du corps était rivé au mur, les pieds et les mains étaient attachés. Nues, pour la plupart, et grelottant dans le froid et l'humidité, elles poussaient des gémissements, nuit et jour. En hiver, lors de la crue de la Seine, ces réduits malsains situés au niveau des égouts, devenaient le refuge d'une foule de très gros rats qui se jetaient la nuit sur elles et les rongeaient partout où ils pouvaient les atteindre»* [1]. Nous arrêtons là cette horrible description mais il faut nous faire une idée de ce qu'était la condition du malade mental à pareille époque.

Peu à peu, Louise se calma, finit par crier moins fort et moins souvent et on lui permit de sortir de son cachot pour aller visiter une de ses compagnes de misère qui était une âme de prière. Elles passaient ensemble de longues heures en oraison. Ce fut ainsi que Soeur Louise fut affranchie de ses peines. On eut la bonne idée de lui envoyer un saint prêtre qui avait un certain charisme pour pacifier les âmes les plus tourmentées. Il la rassura sur son sort, accueillit sa confession et la fit communier ; dès lors, elle cessa de crier. Elle avait fini par croire que, puisque même les gens d'Eglise la taxaient de sorcière, c'est qu'elle devait en être une. Elle se sentit enfin accueillie dans sa détresse.

Au bout de six mois, on la mit dans la salle des "folles qui ont recouvré la raison", et on lui confia le soin des malades (tuberculeuses, scorbutiques, lépreuses...). Elle y demeura de son plein gré, tout occupée qu'elle était de procurer du

---

1. Dr L.Boucher, "La Salpêtrière au 17ème siècle" *Paris – 1883* p.54

soulagement à ces pauvres folles qu'elle soignait comme s'il s'était agi de princesses. Elle nettoyait les cachots, vidait les bassins puis allait à la messe et faisait oraison. Elle revenait ensuite pour habiller ses "maîtresses", les nourrir et aussi les faire prier. Elle leur enseignait le catéchisme. Malgré tout cela, beaucoup la tenaient encore pour folle et par humilité, elle ne faisait rien pour les détromper.

Mais qu'est-ce au juste que cette crise de démence qui terrassa notre soeur Louise, alors qu'elle était une novice exemplaire ?

Nous l'avons vu, la certitude de la damnation était au centre de son expérience comme pour presque tous ceux qui sont plongés dans la nuit de l'esprit. Etait-elle plus fragile que d'autres ? Il semblerait que, pour elle, la mélancolie n'ait pas pris cette forme stuporeuse d'accablement et d'abattement muet comme il est plus classique. Non, cela déclencha plutôt chez elle une sorte d'état mixte où la manie et la mélancolie se trouvent confondues. La manie est caractérisée par un état de surexcitation avec agitation, exaltation et déchaînement instinctivo-affectif, le tout étant vécu sur un fond d'euphorie qui n'est en fait que le revers d'une dépression latente. Manie et mélancolie ne sont, de fait, que les deux termes antagonistes d'une même désespérance. La manie est à la mélancolie ce que le carnaval est à la mort.

Nous optons donc pour cette compréhension des choses car rien en dehors de l'agitation motrice n'évoque une décompensation hystérique comme on la voyait à la même époque à la Salpêtrière. L'absence d'attitude passionnelle et séductrice ne plaide pas en faveur du diagnostic d'hystérie.

Notons que dans le cas de fureur maniaque, la force physique peut aller jusqu'à être décuplée. Il n'est donc pas étonnant que Louise du Néant ait parfois pu se libérer de ses chaînes.

Freud et la tradition mystique juive

Il est impensable, même chez un *iloui*, en yiddish "enfant génial", comme le génie en produit à chaque génération, d'inventer une doctrine aussi vaste que la psychanalyse ex nihilo. Déjà un certain nombre d'exégètes de Freud ont cherché le grand-père du père de la psychanalyse. On n'a peut-être pas assez dit combien Freud était juif dans ce milieu étouffant de la bourgeoisie viennoise. Juif mal dans sa peau mais génétiquement juif. "L'homme aux statues" ne fréquentera que des juifs, ne correspondra, à peu d'exceptions près, qu'avec des juifs. Pourtant ce qu'il recherche ce n'est pas le Dieu de ses pères, son essai sur Moïse et le monothéisme ressemble à une farce grotesque, un péché de jeunesse. Ce qui va le fasciner dans le judaïsme ashkhénaze dont il est issu, ce sont ses "maladies", ses perversions, ses hérésies. Son monde de superstitions, de *dibbuk*, démons et merveilles de l'alchimie des nombres, fascination de la Lilith, cette démone qui prend la forme de tous les phantasmes des hommes pour mieux les séduire et les tuer. Le judaïsme a su récupérer d'une manière positive, convertir certains éléments magiques venus de ces dérives spirituelles pour les faire contribuer au bien du peuple. Non sans humour. Ainsi le golem, personnage fait d'argile et qui, après certaines incantations, prend vie – certains témoins affirment avoir rencontré un phénomène analogue dans la magie tibétaine – le golem devient un personnage sympathique en pardon. Il faut donc que soient reconnus comme tels et le péché dans la faiblesse du pécheur et la souffrance, et l'abjection de la croix et l'humilité. En un mot tout ce qui a nourri le mépris de Nietzsche et de tant d'autres chercheurs d'une autre grandeur pour l'homme. A ce cri des philosophes de la mort de Dieu un autre dieu a répondu, si discrètement, si "humblement" qu'on l'a écouté.

La psychanalyse, l'analyse de l'âme allait perdre de son âme dans cet échange. Le démon a réussi son grand tour de passe-passe, sa grande ruse qui est de faire croire ou de laisser croire qu'il n'existe pas et Freud en est le garant pour le monde entier.

Tout est désormais permis, la morale est relativisée d'une manière absolue. Mais on n'invente jamais rien. N'est-ce pas saint Paul qui, deux mille ans avant Freud avait déclaré : *«Tout est permis !... mais tout n'édifie pas»* (1 Co 6,12). Dans l'expérience paulinienne, qui est une expérience mystique, le christianisme se situe au-delà de la morale individuelle et sociale si souvent hypocrite. Son éthique est maintenant centrée sur la cité céleste, sur le Royaume de Dieu, sur son avènement par le Corps du Christ dont nous sommes membres et qui s'édifie non pas par le respect d'un code moral mais par l'amour. Tout est permis dans la glorieuse liberté des enfants de Dieu, dans ce lumineux état d'être qui fait de la vie en Dieu un jeu d'amour. Nous voilà au-delà des tentatives du Prince des mouches, chères à Sartre, pour nous distraire de la douce évidence d'un Dieu Enfant-Roi que le Père veut déposer dans nos bras comme Il le fit plusieurs fois pour Catherine de Saint-Augustin dont nous allons parler maintenant.

Catherine de Saint-Augustin ou l'exorcisme passif

Le cheminement que nous avons fait au long de ces pages nous évitera une étude fastidieuse de la psychologie de Catherine, nous ne nous perdrons pas en soupçons sur l'origine préternaturelle de ses visions et de son commerce avec le monde invisible, particulièrement avec le monde des démons. Les experts romains qui travaillent en vue de sa béatification ont conclu à un grand équilibre psychique. La démonopathie – se croire persécuté ou habité par les esprits mauvais – existe, tout comme les visions qui ne sont que des hallucinations dans un cadre pathologique bien précis. Pour cette pionnière du christianisme au Canada, dans ce XVIIème siècle si riche et dont nous donnerons un panorama interprétatif dans une prochaine biographie d'Agnès de Langeac, pour cette si jeune pionnière, la question d'une pathologie grave ne se pose même pas. Pourtant toute sa vie a été marquée par des tentations, des maladies étranges ou connues et des harcèlements quasi constants du démon.

Ces maladies étranges qui apparaissent soudainement et disparaissent tout aussi soudainement nous feront toujours penser – comme un parasite moderne de la pensée – à l'hystérie, mais quand il s'agit de la peste contractée sur le bateau qui emmenait cette toute jeune religieuse vers la Nouvelle France, la question de sa guérison "spontanée" ne se pose plus. Au cours de la phase de cette terrible maladie qui aurait dû être fatale le démon lui apparut et la menaça, confirmant ainsi ce qui allait être sa mission, tels les démons qui suivaient Jésus en vociférant : nous savons qui tu es, tu es venu pour nous perdre. Nous pouvons dire que Catherine détourna sur son âme toutes ces forces de mal qui harcelaient les serviteurs de Dieu... Il semblait que cette terre eût été entièrement démonisée. Il y eut des massacres d'Indiens algonquins par les Iroquois, il y eut des martyrs parmi les missionnaires jésuites qui évangélisaient le pays. L'un d'eux, le Père Jean de Brébeuf, devint du haut du ciel le directeur de notre petite sainte, à côté de ses directeurs de la terre dont le Père Ragenau qui écrivit sa biographie.

Avant de parler de l'action du démon chez la servante de Dieu et d'une manière plus générale dans la vie mystique il est bon d'"envisager" Catherine. Elle est un vivant démenti aux dépasser. Quelle épouvantable singerie de la croix où le Christ par amour s'est fait péché, a pris sur lui le péché du monde ! Le mystique peut dire, particulièrement dans la nuit de l'esprit : «je suis péché, je suis identifié au péché», mais il le dit dans une telle saisie de Dieu qu'il lui est pratiquement impossible de pécher, du moins d'une manière grave. Cette grande ambiguïté fera qu'une psychanalyse sera tout à fait à proscrire dans les cas de purifications passives. On s'aperçoit que Dieu finalement respecte assez bien la démarche psychanalytique mais d'une manière divine, avec un infini respect, sans viol de l'inconscient, ne faisant monter à la surface que ce que le patient est capable de supporter, l'éprouvant ainsi jusqu'à la limite de ses forces mais pas plus.

De la damnation au transfert

La clef de la cure psychanalytique est comme chacun le sait le transfert affectif. Mais, ce que peu savent, c'est l'origine de cette découverte chez Freud. Sa correspondance avec Pfister, pasteur protestant, nous la révèle.

Freud était à Paris chez Charcot à l'heure du grand théâtralisme hystérique où les femmes faisaient l'arc et autres excentricités à heures fixes devant ces messieurs à lorgnons. C'était la mode, aujourd'hui ce genre de phénomène a pratiquement disparu. C'est normal, plus personne ne s'y intéresse. Freud fréquentait les peintres, les compositeurs de l'époque et, en tant que scientifique conscient de sa valeur, il trouvait injuste que sa science ne lui valût pas plus de succès auprès des femmes, à l'instar des artistes, ses contemporains. Comme il l'avoue, eux possèdent la clef des coeurs, lui pas.

Plus tard, il s'écriera : j'ai trouvé la clef des coeurs ! Mais qu'a-t-il donc découvert qui mette à ses pieds la gent féminine ? Il a étudié le pacte avec le diable et découvert un mécanisme, celui d'un transfert, donne-moi ton âme je te donnerai toutes les femmes que tu veux. Ce «donne-moi ton âme, je te rendrai la santé» de la psychanalyse n'est pas innocent. Outre qu'il coûte excessivement cher au patient, on sait que Freud n'utilisa pas son divan uniquement dans le but de décontracter ses clientes.

Freud nous a donc placés dans une grande ambiguïté. Dans ce flou artistique du langage psychanalytique qui a trouvé son apogée chez Lacan – proche du parler automatique ou de la glossolalie – on ne sait plus distinguer le bien du mal, la faute et la culpabilité, de l'innocence. La purification ne niera pas le mal, bien au contraire la science des saints est justement de reconnaître le mal qui est en eux ...et de lui livrer un combat sans merci. L'oeuvre de la grâce ne déplace pas les problèmes en déculpabilisant, en valorisant artificiellement l'individu comme le font certaines méthodes psychologiques "chrétiennes", elle mène une guerre d'extermination.

Le démon est appelé Belzébuth en hébreu *Baal Zévoul*, littéralement le Maître des mouches. C'est-à-dire le Maître de la dispersion, de la confusion. La démarche psychanalytique ira vers une complication toujours plus grande, créant des spécialisations, des écoles et des anti-écoles où finalement le sens de la vie ne trouve pas de réponse définitive. La mystique au contraire, plus elle s'approfondit, plus elle simplifie la personne, plus elle entre dans le domaine des évidences spirituelles où tout est "mystérieusement" clair. Paradoxe de l'homme qui se perd dans sa finitude et se trouve dans l'infini, qui meurt de vouloir vivre et trouve la vie en acceptant de mourir, qui s'aliène dans sa quête de liberté et trouve l'absolue liberté en se laissant fixer sur la Croix.

Dans la découverte fondamentale du transfert s'opère un échange opposé à tous les échanges que l'on trouve dans la vie mystique où le faible se change en fort, l'humilité en gloire, l'abjection en condition royale, la souffrance en joie, le péché et symbolique qui prend la défense des juifs dans les persécutions. L'imaginaire juif absorbe complètement l'élément magique.

Freud a-t-il fait preuve d'autant d'humour, autrement dit a-t-il su prendre une distance bienveillante par rapport aux déviations passées ? Dans “Freud et la tradition mystique juive”, paru aux Editions Payot, David Bakan montre cette fascination du médecin viennois pour les déviations, pour le pathologique dans le religieux. A l'évidence, certains thèmes freudiens proviennent de ce “folklore pervers” que l'on trouve dans les deux principales hérésies qui ont marqué la conscience messianique d'Israël d'une manière qui nous semble définitive. Il s'agit principalement du sabbataïsme de Sabbataï Zvi qui “parut” aux dates fixées par tous les comput kabbalistiques et qui après avoir entraîné ses contemporains dans une folle attente messianique où l'on brûlait tout dans l'imminence de la “parousie”, s'est converti à l'Islam. Nous retrouvons certaines déviations morales, sexuelles de Zvi dans un autre courant démonisé du messianisme chez Jacob Frank. Je citerai ici David Bakan : «La psychanalyse comme une déformation de l'amour ; c'est là un de ses traits essentiels». Cette identification paradoxale du bien au mal imprègne tous les écrits de Freud de telle sorte que leur pôle classique s'en trouve pratiquement effacé.

Pour apprécier les antécédents historiques qui purent influencer Freud dans ce sens, nous allons étudier un mouvement qui se produisit à l'intérieur du sabbataïsme sous l'égide de Jacob Frank et les doctrines qui émergèrent avec lui, en particulier la doctrine de la sainteté du péché.

Comme Sholem [1] le souligne lorsqu'il donne les caractéristiques générales du mysticisme juif : «...le mystique n'hésite même pas à inférer que dans un sens élevé il y a une racine du mal, même en Dieu. Chaque attribut du royaume divin repré-

1. Gershom Sholem, “Les grands courants de la mystique juive”, *Ed. Payot*

sente une étape donnée, y compris l'attribut de la sévérité et du jugement implacable, que la pensée mystique a relié à la source du mal en Dieu."

La doctrine du mal était étayée par la thèse d'après laquelle les Saintes Etincelles avaient été dispersées et les hommes devaient se laisser aller au péché pour les rassembler. L'idée du Péché Saint devint prédominante, le salut viendrait par le péché, de l'excès de péchés sortirait un monde où il n'y en aurait plus. Frank avait déclaré : «Je suis venu débarrasser le monde de toutes les lois et règlements en vigueur jusqu'à présent.»

Ne croirait-on pas entendre Freud lui-même et l'écho de sa voix dans bien de ses disciples ? Toutes ces doctrines sont le fruit de la gnose qui comme son nom ne l'indique pas est le contraire de la connaissance intime, amoureuse de Dieu, particulièrement dans l'esprit d'enfance. La gnose, c'est le salut par l'initiation à un savoir caché. Or dans cette science se cache le démon. Dieu ne peut pas se communiquer dans son essence, dit-il, ce ne sont que des étincelles, des émanations de la divinité qui se communiquent à lui. Et voilà l'incarnation et toutes ses conséquences niées.

La mystique chrétienne est très incarnée, Dieu saisit l'homme car il veut communier avec lui de substance à substance, toute distance entre les deux constitue une sorte de no man's land qui est le terrain de l'illusion – les mystiques le savent tellement bien – et le démon règne sur ce terrain qui sépare le Créateur de sa créature bien-aimée, car cette séparation est le fruit de la rébellion, de l'orgueil, du péché.

Le démon est le singe de Dieu, les écrits de Freud nous montrent sa prédilection pour ce genre de singes qu'il étudie d'une façon scientifique (?). La proposition qui veut que de l'excès sorte le bien est une parodie de la véritable apocalyptique ; c'est à cause de l'excès du mal que Dieu est obligé d'intervenir. La distorsion principale consiste à affirmer que le bien doit s'identifier au mal comme pour le saturer et le mensonges du Prince du mensonge, elle nous rassurera, elle nous montrera comme Thérèse enfant qui fit fuir les démons d'un seul regard, comme Marthe, qu'une petite fille telle sainte Marthe peut enchaîner la Tarasque, le dragon et le mener par sa ceinture qui dans le langage symbolique évoque la chasteté et la pureté du coeur.

Catherine était très belle, remplie de grâce, au premier regard on l'aimait, on s'attachait à elle, ses antécédents familiaux plaident en faveur d'un grand équilibre naturel, un être privilégié par la naissance et par Dieu qui aurait pu devenir une grande courtisane, une favorite mais qui très tôt posa cette question : qu'est-ce que la volonté de Dieu pour moi ? La volonté de Dieu pour elle était qu'elle soignât les malades, qu'elle se donne entièrement aux autres, qu'elle ne se regarde pas. A seize ans la volonté de Dieu était qu'elle soit semblable à un médecin sans frontières de son époque partant pour un lieu au moins aussi dangereux que le Liban ou l'Afghanistan.

Partout on l'aimait, les malades ne voulaient être soignés que par elle. Extérieurement elle n'était que rayonnement, douce d'une douceur qu'elle avait acquise en réprimant une joie de vivre quelque peu exubérante pour le goût de l'époque. Ses occupations montrent un sens du concret, un réalisme très poussé, elle tient les comptes, dirige l'hôpital et les novices etc. Sa vie surnaturelle fut totalement ignorée de ses soeurs jusqu'à sa mort, voilà qui nous garantit des grâces simulées même inconsciemment pour se faire valoir. Seul son confesseur savait, ainsi que sa supérieure. On peut dire que les grâces allaient de pair avec les persécutions démoniaques et que les plus grandes épreuves sont accompagnées des plus belles grâces mystiques telles que le mariage mystique avec l'Esprit et les noces spirituelles.

Le démon affaiblit certaines fonctions psychiques par le harcèlement et par la fatigue qu'il produit, la volonté s'affaiblit, le grand correcteur de ce parasitage se trouve dans l'héroïcité des vertus. Par exemple cette tentation de fuite, commune à Catherine et au saint Curé d'Ars finit par embrouiller le jugement, si bien que l'on croit que le départ serait un bien, il faut alors une héroïque renonciation à la volonté propre, à son propre jugement pour se jeter à l'eau tel François dans les orties. Catherine elle, brûlera ses vaisseaux s'interdisant tout retour en France par un voeu de stabilité. Mais sachons bien que le démon est terriblement légaliste et moralisant à sa façon, en inversant les valeurs. Tout légalisme est un terrain privilégié pour l'action de l'antique serpent. Aussi quand l'évêque annula les voeux pour repartir à zéro, le démon revint à la charge en essayant de persuader Catherine que Dieu lui offrait une nouvelle chance de retraite. Héroïquement elle s'enchaîna à la volonté de Dieu.

L'intimidation diabolique

Le combat fut alors incessant. Ecoutons-la, voyons-la réagir aux assauts des démons [1] : *«Le premier jour (des exercices) je fus extraordinairement tourmentée des démons, et j'éprouvais sensiblement une force toute extraordinaire de la part de mes saints guides. Les démons, à cause du recours fréquent et de la confiance que j'avais à ces saints, me firent mille insultes et m'accusant d'une témérité insupportable, de me persuader que les saints voulussent songer à une misérable créature et pécheresse comme moi, ils m'assuraient que c'étaient eux qui me donnaient cette imagination ; et le destructeur de la gloire de Dieu me témoignait avec grande compassion de mon aveuglement, et me dit plusieurs choses avec apparence de désirer passionnément mon bien.»*

1. Vie par le Père Ragueneau S.J.

Il est indéniable qu'il existe des forces négatives qui s'opposent à l'action de Dieu et au bien en général. Tous les spirituels en font l'expérience et cela bien avant l'entrée dans les nuits. Dans la nuit de l'esprit, il semble que, comme dans le livre de Job, Dieu ait donné carte blanche à Satan ou comme dira saint Paul : *«Dieu m'a envoyé un ange de Satan pour que je ne m'enorgueillisse pas»* (2 Co 12,7). Le démon ne se dévoile pas avant qu'il ne soit menacé. Tout effort vers la sainteté sera contrecarré systématiquement. Or le maître mot de la sanctification est oraison. Les Pères du désert nous disent dans le langage imagé des apophtegmes que dès qu'un moine se met en prière ou prend de bonnes résolutions pour s'y appliquer davantage, le démon se présente à lui avec toutes sortes d'onguents qui déclenchent des douleurs, des nausées et bien des maux extérieurs ou intérieurs. Nous sommes dans un combat spirituel permanent. L'avoir nié nous a conduit en cette fin du XXème siècle aux maux qui sévissent dans la société et dans l'Eglise et que le témoignage de Catherine de Saint-Augustin suggère. Il est évident qu'une telle vision pourrait traduire ou se traduire par un conflit névrotique si nous ne nous appuyons pas sur la science de la croix qui abolit l'aspect manichéen de ce combat. Par la croix nous sommes vainqueurs, la victoire est derrière nous : *«Dans le monde vous aurez à souffrir, mais prenez courage, j'ai vaincu le monde»* (Jn 16,33). La victoire est acquise. La science du saint sera d'adhérer à la faiblesse du Christ qui par son obéissance à la volonté du Père, par son abaissement et son humilité, lui confère sa victoire. Voilà pourquoi il est si peu de saints, parce que très peu sont capables de subir la tentation et de vaincre les démons comme le fit notre petite sainte à la suite des Pères qui allaient au désert pour provoquer les esprits mauvais sur leur terrain. Ils n'étaient pas sûrs d'eux mais ils «savaient en qui ils avaient cru». On n'entre pas dans ce combat sans la croix, sans le signe de la victoire, sans ces deux bras étendus comme ceux de Moïse qui assuraient la supériorité sur les Amalécites. Mais qui aujourd'hui veut entendre parler de la Croix ? C'est encore au nom d'une psychologie moderne qui la repousse comme quelque chose de morbide alors qu'elle est la guérison. Comme dans sa préfiguration au désert tous ceux qui étaient mordus par les serpents brûlants étaient guéris en levant les yeux vers le symbole de la croix. Tant qu'on n'accepte pas la souffrance elle nous écrase, tant que nous n'entrons pas de plain-pied dans le mystère de la faiblesse de la chute, des chutes, de la maladie et de la mort, nous nous mouvons dans l'absurde qui commande à la désespérance.

Nous avons souvent craint en écrivant ce livre qu'il puisse effrayer certains, mais comme le dit le Père Molinié, : il nous faut absolument “le courage d'avoir peur”. Le démon veut faire peur et donc paralyser toute initiative positive. Si nous avons le courage que communique la foi, alors la peur s'évanouit. Les mystiques dont j'ai pu recueillir le témoignage avouent n'avoir jamais eu vraiment peur des visites de l'ennemi, ils ont plutôt craint pour leur âme et réagi en conséquence. Plus le démon apparaît sous une forme hideuse, moins il est dangereux.

Comme nous allons le voir, la subtilité est plus à craindre que le masque caricatural. L'attaque grossière des démons est bien vite démasquée. La théologie nous l'enseigne, le démon dans ses influences qui vont jusqu'à l'obsession agit essentiellement sur l'imagination et la mémoire pour induire une crainte plus redoutable que la frayeur. Les impressions que reçoit Catherine dans le texte précité la poussent à inverser les valeurs les plus fondamentales pour sa vie et son combat. Véritable intimidation qui inverse les valeurs. La miséricorde divine, la valeur de chaque être aux yeux de Dieu est ici bafouée. Le démon se sert d'arguments justes, mais Dieu n'est pas juste parce qu'Il n'est pas que juste, Il est miséricordieux. Tu es indigne, tu es présomptueux, tu t'attaques à un combat qui te dépasse, tu n'as pas assez de santé pour prier, occupe-toi d'abord des pauvres, tu prieras ensuite, tes fautes sont si nombreuses ! Les grâces que tu reçois sont donc des illusions, soyons logiques, répète le démon. C'est lui aussi qui suscite le dégoût pour les êtres qui peuvent nous faire le plus de bien ou que nous devons plus particulièrement protéger. Il n'est pas rare qu'un novice se mette à ne "plus voir en peinture" le père-maître qui seul peut le faire sortir de ses tentations, il est des supérieurs qui "s'acharnent" sur ceux ou celles qui sont déjà faibles et tentés. L'expérience nous apprend à déjouer les plans de ce tacticien dont les méthodes bien qu'infiniment variées sont invariables dans leur principes fondamentaux.

On pourra objecter que tout cela vient de la nature humaine, nous répondrons que le démon va dans le sens de la nature blessée et pervertie. Nous ne pouvons en douter car sans tout attribuer au démon, ce qui serait encore un de ses triomphes pour déprécier la vie mystique, que l'on songe aux épidémies de "possessions" par exemple, il faut reconnaître que dans les nuits tout n'est pas imputable aux seules tendances pathologiques du sujet. Les meutes de chats qui suivaient Louise du Néant dans la rue et la faisaient passer pour sorcière, n'agissaient-elles pas sous l'influence d'une force négative ? Les animaux sont en effet très sensibles au monde surnaturel.

Nous l'avons nous-même constaté, tel religieux qui vivait avec nous et se croyait damné, chaque fois qu'il ouvrait sa Bible tombait sur des textes de trahison et de condamnation. Nous avons, pour éclaircir le terrain, laissé de côté certains détails dans la descriptions des nuits que nous avons abordées. Il est évident, par exemple, que la crise de scrupules de saint Ignace était renforcée par la fureur du démon, certaines données de sa biographie ne cadrent pas avec son profil psychologique. Bien des angoisses dans les nuits sont dues à son agression qui se voudraient dissuasives : si tu continues dans ces voies tu vas devenir fou, tu vois ça commence.

Catherine n'a jamais discuté avec le démon, elle ne s'est pas non plus exposée à de dramatiques séances d'exorcismes.

Alors qu'elle attirait sur elle comme le faisaient les Pères du désert des centaines de démons, elle les défaisait par les vertus dont le prince des démons a horreur : amour filial, humilité, obéissance, abandon et confiance en Dieu. Je crois que le meilleur des exorcismes, sauf en cas de possession formelle telle qu'elle apparaît après un pacte, c'est-à-dire après avoir consciemment abandonné sa volonté, le meilleur exorcisme est de rendre la place inhabitable aux démons. Résistance passive donc et efficace. Nous aimerions nous attarder sur la personnalité si attachante de Catherine mais nous avons assez parlé de ce sujet.

Une fois encore nous remarquons que nul ne peut discerner seul, la présence d'un guide même au premier stade de la vie spirituelle est nécessaire, elle devient vite indispensable.

XV

LA PETITE VOIE COMMUNE
ET
LES EQUIVALENTS DE NUITS

Seigneur je n'ai pas le coeur fier
ni le regard hautain
Je n'ai pas pris un chemin de grandeurs
ni de prodiges qui me dépassent
Non, je tiens mon âme en paix et silence
Comme un petit enfant, telle est mon âme en moi.

Ps 131

Certains seront un peu déconcertés par les descriptions terribles de la nuit que nous venons de donner.

Ils se sentiront peu ou pas concernés. Effectivement, de même que les grands transports mystiques, les visions et les voix ne sont pas pour tous, les nuits fulgurantes, terrassantes ne sont pas non plus universelles. Par contre, il est important de savoir que nul ne fait l'économie de la croix.

C'est alors davantage dans le quotidien, au sein d'épreuves plus banales en apparence, que le Seigneur travaille les coeurs. Là est tout le testament spirituel de notre petite soeur Thérèse de l'Enfant-Jésus.

A la question : quelle voie voulez-vous enseigner aux âmes ? elle répond sans hésiter :

«C'est la voie de l'enfance spirituelle, c'est le chemin de la confiance et du total abandon [1]... ce qui plaît au Bon Dieu dans ma petite âme, c'est de me voir aimer ma petitesse et ma pauvreté, c'est l'espérance aveugle que j'ai en sa miséricorde... voilà mon seul trésor, pourquoi ne serait-il pas aussi le vôtre ?» [2]

Dans son autobiographie, elle explique : «Je veux chercher le moyen d'aller au Ciel par une petite voie bien droite, bien courte, une petite voie toute nouvelle».

---

1. "Novissima verba" p.83
2. "Lettres de Ste Thérèse" p. 341

Pourquoi la petite Thérèse est-elle la sainte la plus vénérée dans le monde entier ? C'est que sa petite voie d'enfance spirituelle est pour tous. Pour les grands mystiques comme pour ceux qui ont des grâces moins fulgurantes, moins impressionnantes, pour ceux à qui Dieu donne peut-être la meilleure part : *«Heureux ceux qui croient sans avoir vu !»* (Jn 20,29)

Nous sommes dans le domaine de la Sagesse d'amour. C'est elle qui mène le jeu, un jeu d'amour, miséricordieux mais sans compromis avec le péché.

La purification peut donc être immergée dans une vie apparemment ordinaire : Dieu ne place pas en serre chaude toutes les âmes qu'Il purifie, comme on pourrait le croire en lisant saint Jean de la Croix, tellement la personne semble absorbée par ce duel douloureux de la lumière qui l'investit et du péché qu'elle porte. Ces descriptions sont passionnantes et pleines d'intérêt mais on a du mal à les situer dans la réalité quotidienne [1].

La Sagesse de Dieu excelle à utiliser les événements et les personnes pour réaliser son unique dessein qui est de nous mener à la transformation d'amour.

Marthe Robin avait coutume de dire que dans la grâce du baptême, nous recevons tout ce qu'il nous faut pour nous sanctifier sur cette terre avec les événements que la Providence place sur notre route, si nous les vivons dans l'offrande. Le purgatoire est une invention supplémentaire de la miséricorde. Normalement, pour tout baptisé, la purgation devrait s'achever sur la terre et la mort nous entraîner directement au Ciel.

Ainsi, le voile de la simplicité enveloppe généralement l'action de Dieu. Cette action peut échapper au regard de l'entourage et aussi au regard de celui qui la subit.

Les difficultés extérieures, les persécutions, les chutes, les angoisses, les humiliations sont autant d'occasions d'espérer et d'aimer et si la personne est bien abandonnée, la purification

---

1. Père Marie-Eugène, "Je veux voir Dieu" p.818

peut être aussi intense et rapide que dans une nuit de l'esprit.

On peut ainsi découvrir au coeur des vies les plus cachées des équivalents de la nuit de l'esprit.

Nous en citerons quelques-uns.

Les équivalents des nuits

La dépression de deuil

Le deuil, la perte d'un être cher peut aussi être l'occasion d'une touche de nuit de l'esprit. Le désespoir, le doute, la révolte font souvent irruption en pareilles occasions. On a l'impression que tout s'écroule, que Dieu nous trahit, on se sent abandonné, par Dieu, par la personne aimée. Il y a une analogie entre deuil et mélancolie : même douloureux état d'âme, même perte d'intérêt pour le monde extérieur, même impuissance à aimer quelqu'un d'autre que la personne perdue, même impossibilité à entreprendre une activité qui estomperait le souvenir de la personne morte. L'avenir est bouché, obstrué. On en perd l'appétit, on en perd le sommeil. Parfois même la tristesse vous accable jusqu'à la prostration. Cet état, qui n'a rien de pathologique en soi, peut être considéré comme un équivalent d'une touche de nuit de l'esprit, équivalent que vit le commun des mortels, qu'il soit croyant ou non.

Chez une personne déjà bien ancrée en Dieu, le deuil peut être l'occasion d'une purification intense.

Une jeune maman très chrétienne qui venait de perdre son premier enfant dans des circonstances tragiques me confiait : *«Je ne peux plus aller à la messe, je ne peux plus entendre parler de sacrifice. Le Sang, l'Agneau Immolé, l'Hostie, tout cela me donne la nausée. La seule chose qui aurait pu me soutenir m'est devenue intolérable. J'associe tout cela au souvenir de mon propre enfant, baignant dans son sang. Jésus en Croix est pour moi une évocation insupportable. Je me révolte contre Dieu,*

Dieu le Père surtout, c'est Lui que je tiens pour responsable. Pourquoi a-t-Il laissé faire cela ?

L'autre jour, je le lui ai demandé et en ouvrant ma Bible, je suis tombée sur un terrible passage : «Tu as péché c'est pourquoi tes enfants sont passés au fil de l'épée» (Il faut parfois se méfier lorsqu'on ouvre sa Bible, ce n'est pas toujours Dieu qui répond, nous l'avons souvent constaté dans la nuit de l'esprit). *J'étais désespérée, Dieu m'est apparu cruel. J'ai crié vers Lui, mais rien, pas une consolation, j'avais envie de hurler, de me tuer pour rejoindre mon enfant, la chair de ma chair. Puis j'ai pris Dieu à parti : Ce n'est pas possible, mon Dieu, tu n'es pas un tortionnaire, viens me prouver ton amour, je ne pourrai pas survivre sans ça.*

Le lendemain on passait à la télévision "Jésus de Nazareth" de Zeffirelli, je le regardai jusqu'au bout. Au moment où Marie toute vêtue de noir reçoit dans ses bras le corps inerte et sanglant de son Fils, elle se met à hurler. Son visage est baigné par ses larmes et par la pluie battante de l'orage qui vient d'éclater sur le Golgotha. Tout est obscur et d'une beauté saisissante. Dans ce cri de la Vierge, je me suis reconnue, je me suis mise à pleurer sur elle, sur moi, sur "notre" enfant qui était mort. J'ai pleuré comme je n'avais jamais pu pleurer jusque là, puis toute révolte a disparu, comme fondue, emportée par ce torrent de larmes. Depuis une paix et une joie indicibles m'habitent. Je sais mon enfant dans la gloire. C'est une certitude de foi bien sûr, mais elle est si forte que je n'arrive même plus à regretter ce qui est arrivé.

«Ne dites pas : Il donne et puis retire, Il donne et donne encore, Il a tout fait sauf le mal et la mort, et tout ce qu'Il a fait Il l'a donné». Vous connaissez ce chant ? Il est devenu mon chant de louange au Seigneur.

Avec mon mari nous avons eu rapidement un autre enfant, qui ne remplacera jamais le premier, bien évidemment, mais maintenant nous avons deux enfants : un au Ciel, l'autre sur la terre. Dieu ne nous a rien retiré, Il nous a comblés davantage».

Ce témoignage plein d'espérance laisse à penser jusqu'où peut aller la purification, l'épreuve de l'abandon et de la foi en l'amour de Dieu au coeur même du deuil. Cela vaut bien une touche de nuit de l'esprit.

La vieillesse

La sénescence peut elle aussi être considérée comme un équivalent de nuit, nuit des sens tout d'abord où tout nous est retiré : la force physique, la beauté, la santé, l'ouïe, la vue, le simple fait de se mouvoir. Tout décline. C'est le crépuscule de la vie qui nous prépare au grand repos shabbatique.

Mais aussi nuit de l'esprit : Il n'est pas rare que les vieillards sombrent dans une intense dépression. Qui dira la souffrance de tous ces petits vieux que l'on voit se tassant sur eux-mêmes, dodelinant de la tête, passant des heures assis sur leur banc dans les jardins de nos maisons de retraite.

C'est un fait nouveau, un fait de notre civilisation. Non seulement nous "parquons" nos malades mentaux, nous "parquons" nos infirmes cérébro-moteurs, mais nous "parquons" aussi nos vieillards. Pas de place pour eux dans une société où la rentabilité, l'efficience sont cultivées jusqu'à l'idolâtrie. Et voici que nos grands-pères et nos grand-mères se meurent de solitude. Ils n'ont plus tout à fait leur tête, dira-t-on, ils ne s'en rendent même pas compte. C'est vite dit. Quels regards de détresse ne croise-t-on pas chez eux ? Les plus brillants, les plus séduisantes sont réduits à rien : *sans beauté ni éclat pour attirer nos regards, objet de mépris, abandonné des hommes* (Is 53,2-3) ils deviennent, eux aussi, quoi qu'ils aient vécu auparavant, des familiers de la souffrance.

Parfois, tel trait de caractère mal dominé dans leur jeunesse, resurgit de façon caricaturale. On les trouve grincheux, acariâtres, on le leur fait sentir.

Pour d'autres, ce sera l'humiliation de se voir incontinents, ils donnent du travail, un travail fort ingrat, il faut le reconnaître, alors on ne les traite pas toujours avec la douceur et la tendresse dont ils auraient besoin. Ils encombrent, ils le savent, ils attendent la mort et paradoxalement, la médecine s'évertue à les prolonger. Dieu se sert de tout, peut-être notre monde a-t-il besoin de cette foule innombrable d'agneaux qui marchent vers l'abattoir, comme autant de brebis muettes, sans ouvrir la bouche. Et si, pour certains, il devient difficile de s'offrir, nous pouvons toujours le faire à leur place.

La vieillesse est l'âge de la passivité, c'est en cela qu'elle est à proprement parler contemplative. Cette dernière étape de la vie est au plan de l'amour, un second âge d'or, plus profond encore que la petite enfance, dira le Père Thomas Philippe. Le vieillard n'a plus rien à espérer en ce monde, c'est pourquoi ses angoisses ne peuvent déboucher que sur l'Espérance en Dieu. Il n'y a plus aucune place pour le volontarisme, l'amour domine tout, c'est l'âge de l'Esprit Saint.

Que de personnes, après avoir passé toute une vie loin de Dieu, se verront ainsi aspirées dans leurs dernières années pour être assimilées à l'ouvrier de la onzième heure. Mais tout ceci ne se passe pas sans lutte, sans souffrance, sans agonie.

C'est ainsi que la vieillesse peut jouer le rôle d'une nuit purgative au sens plein, sans compter les angoisses de mort qui sont toujours présentes, même chez les plus croyants.

Les cas purement pathologiques et leur participation à la nuit du monde

Que dire aussi de ces millions d'hommes, de femmes et d'enfants, enfermés dans l'enfer de leur psychose, souvent mis au rebut, rejetés, toujours incompris par la force des choses ? Que faisons-nous de leurs souffrances, de cette somme inimaginable de douleur qui est la leur ? Il nous faut en prendre conscience, le psychotique souffre. On a beau atténuer les manifestions du délire et des troubles grâce aux médicaments, l'angoisse demeure, crucifiante.

Une jeune schizophrène me confiait que, sous neuroleptique, l'angoisse ne bouge pas, elle demeure aussi férocement mordante, on l'a simplement muselée, elle ne peut plus s'exprimer extérieurement, ce qui est encore pire, sans compter l'humiliation de savoir que l'on a perdu la raison ; c'est peut-être l'humiliation la plus grande que puisse connaître un être humain.

Il y a en même temps quelque chose de fascinant chez le psychotique, une sorte de connivence avec le monde spirituel. C'est à juste titre que les psychiatres parlent d'"intuition psychotique". Seul problème, cette connivence est sans discernement, elle s'adresse aussi bien au monde spirituel des ténèbres qu'à celui de la lumière. Ce n'est peut-être pas pour rien que Jésus a exorcisé tant de pauvres aliénés.

Il n'en reste pas moins que certains psychotiques peuvent vivre d'authentiques expériences mystiques. Lorsque je travaillais comme interne dans un service d'enfants autistes, on me confia une petite nord-africaine de douze ans : Malika. Psychotique au dernier degré, elle était absolument inabordable, mordant, griffant sauvagement qui aurait tenté de l'approcher. Sa seule activité était de manger les cailloux et les vers de terre de la cour, ce qui fait qu'on l'avait surnommée cruellement "la poule". Elle ne suscitait que dégoût et rejet. En désespoir de cause, je m'assis un jour en face d'elle, à distance, et me mis à prier. Au début elle m'ignorait totalement, se balançant d'avant en arrière en se frappant la tête contre le mur. Je continuai de faire violence au ciel, implorant que cette petite âme s'ouvre à la grâce, puisque plus rien d'autre ne pouvait l'atteindre. Soudain, elle arrêta de se balancer, me regarda et me sourit longuement. Son visage était radieux, il émanait d'elle une paix extraordinaire, puis elle leva les yeux au ciel avec le même sourire. Je me pris à la trouver belle, je crois qu'il y avait en elle quelque chose d'extatique, tant la présence de

Dieu était forte en cet instant. Elle fut emportée dans le ciel trois semaines plus tard.

Aucune âme n’est irrémédiablement fermée au divin. C’est pourquoi il ne faut pas hésiter à évangéliser les milieux psychiatriques, leur annoncer le Seigneur par la Parole lorsque c’est encore possible ou par une simple présence d’amour et de prière. Que le Maître ne puisse pas dire à sa venue : «j’étais en hôpital psychiatrique et vous n’êtes pas venus me visiter». D’autant plus que l’ouverture à la dimension spirituelle peut être facteur de rémission sinon de guérison.

Telle cette adolescente hébéphrène, c’est-à-dire schizophrène au dernier degré, prostrée sur son lit, se souillant et n’ayant plus aucun contact avec le monde ambiant qui, accueillie par une communauté chrétienne contemplative, connut une véritable résurrection. Avec quinze ans de recul maintenant, on peut affirmer que, bien qu’elle demeure fragile psychologiquement, il ne reste plus trace d’autisme chez elle : elle est au contraire tout accueil et don d’elle-même, de plus, son cheminement spirituel est assez impressionnant. Tous, dans sa pauvreté, la considèrent comme une sainte.

Tous les psychotiques n’ont pas cette grâce mais rien n’est perdu pour Dieu, aucune souffrance n’est absurde, tout est inlassablement repris, réorienté dans cette aspiration d’amour qui tente d’emporter telle une lame de fond toute la misère du monde. *«J’ai soif»* (Jn 19,28), ce cri de Dieu retentit jusqu’à nous, jusqu’à la fin des temps. Dieu a faim et soif d’amour, Dieu est en agonie dans le coeur de chaque schizophrène. Quels trésors de grâces nous réservent toutes ces vies apparemment gâchées aux yeux des hommes, inutiles. Quand je passe le long des murs de béton d’un quelconque hôpital “psy”, je me plais à penser : ce sont eux les piliers du monde, par leur souffrance ils ont rejoint la foule innombrable des consacrés qui se sont retirés volontairement, retirés du monde afin de le sauver.

Cette brève évocation de quelques équivalents de nuits, n'est pas fermée, on pourrait en citer bien d'autres. La souffrance physique, l'échec amoureux, l'emprisonnement, les difficultés professionnelles, les problèmes familiaux peuvent être considérés comme autant de touches de nuits spirituelles suivant la manière dont ils sont vécus : c'est là le réalisme de l'incarnation.

XVI

POINTS DE REPERE

Aux dires de saint Jean de la Croix et de Thérèse d'Avila aucune parole ne peut apporter un réel réconfort à celui qui est plongé dans les ténèbres.

Ni l'analyse de ce qu'il vit, ni le démenti de ce qu'il croit ne peuvent le sortir de son désespoir, contrairement à ce qui se passait dans la nuit des sens où le fait d'être éclairé par un père spirituel par exemple apportait soulagement et réconfort. En effet le doute s'est infiltré et submerge l'âme tout entière et puisque le sentiment d'être rejeté par Dieu – réprouvé – est au coeur de cette désespérance, tout argument devient suspect quant à une interprétation spirituelle positive de l'épreuve.

Alors ? Quel recours ?

Reste l'obéissance. Un père spirituel est tout à fait en droit d'imposer certaines attitudes même si l'adhésion du coeur n'est en rien sentie pour le sujet, elle pourra lui être un puissant secours.

Mais elle n'est pas toujours possible. Il est des âmes qui sont éprouvées jusqu'à la perte de la faculté d'obéir – des âmes obéissantes et qui, jusqu'ici, avaient fait leur preuve en matière de docilité. A titre d'exemple, ce fut le cas de la bienheureuse Maryam d'Ebeline. Par ailleurs le sentiment de filiation divine et humaine est presque toujours entamé. Marthe Robin pendant sa grande épreuve disait qu'elle ne voyait même plus ce que pouvait signifier le mot "père".

Et pourtant au coeur de Gethsémané, Jésus a appelé ses amis, ses intimes à son secours, il a recherché leur compagnie, il a cherché à être soutenu, consolé. Eux n'ont pas compris tant ils étaient dépassés. C'est pourquoi le Père a dû envoyer à Jésus un ange de consolation. Grâce de suppléance ? Sans doute. Les anges de consolation auraient pu, auraient dû être Pierre, Jacques et Jean.

Jean, le lendemain, remplira ce rôle au pied de la croix ainsi que les saintes femmes. Il avait déjà commencé ce ministère de consolation durant le dernier repas et sans doute bien avant. Il s'agit d'une attitude profonde du coeur qui se tient tout proche de celui dont l'âme est en souffrance, en même temps que dans une grande discrétion. Attitude du coeur certes, mais qui va jusqu'à l'expression d'une chaste tendresse dans les gestes, le regard, les paroles. Au coeur même du drame de la trahison de Judas, *celui que Jésus aimait se trouvait à table tout contre Jésus. Simon-Pierre lui fait signe et lui dit : «Demande quel est celui dont il parle ?» Celui-ci se pencha alors vers la poitrine de Jésus»* (Jn 13,23-25).

Il faut donc de "petits saint Jean" et aussi de "saintes femmes", des âmes mariales pour soulager un peu celui qui passe par la nuit de l'esprit. Des enfants au coeur pur et simple qui ne comprennent pas forcément mais qui se tiennent là, aux côtés ou plutôt au côté, car c'est bien d'un transpercement du coeur qu'il s'agit. Il faut noter ici que saint Jean est le seul des évangélistes à avoir rapporté l'épisode du coup de lance qui ouvre le coeur de Dieu, à en avoir pressenti toute la profondeur.

Il faut des amis qui soient prêts à tout accueillir, à tout entendre dans une disponibilité paisible et qui en même temps vibrent à la souffrance de l'autre.

Si la personne éprouvée sent qu'elle inspire la moindre méfiance ou suspicion, elle se refermera et son tourment n'en sera que plus terrible. Enfin il est des amis qui continuent d'espérer contre toute espérance et de regarder vers le Seigneur à la place de celui qui ne peut plus s'offrir lui-même.

Ayant recueilli le témoignage de ces ayant-subi-la-passion, comme les appelle l'Orient chrétien, nous allons essayer de formuler simplement un petit "guide des égarés".

Maintenir un climat positif

Cette règle élémentaire échappe aux trop savants que nous sommes. Dans n'importe quelle maladie un climat positif favorise la guérison. C'est vrai également sur le plan spirituel. L'éprouvé devient dans son couvent ou pour son entourage une sorte de pestiféré. On le plaint, on lui montre pitié ou condescendance. Nous devons croire ! et affirmer que l'épreuve est toujours pour un temps. Des petites phrases positives aident beaucoup telles que :

«Il n'y a pas de nuit qui n'ait une aube»,

«Après les ténèbres vient la lumière»,

«Dieu n'éprouve que ceux qu'Il aime».

Quand on se blesse on a parfois l'impression que les chairs ne vont pas se refaire alors qu'il n'en restera pas même une cicatrice. C'est la même chose au niveau intérieur bien que tout soit plus lent, patience donc.

Le présent de l'épreuve

Chaque jour doit être considéré séparément. Considérer la somme des jours et leur succession augmente la souffrance et le désespoir. On a la force de vivre chaque jour séparément. Chaque matin on a la force d'aller jusqu'au soir même si la vie dans son ensemble paraît un enfer.

Deux frères étaient ermites. C'était leur vocation, mais ils étaient fortement éprouvés et avaient pris en dégoût le lieu où ils vivaient, ce qui est tout à fait classique. Chacun des deux frères disait : partons, et l'autre répondait : d'accord, nous partirons demain. Ce qu'ils firent tous les jours jusqu'à leur mort ou jusqu'à ce que l'épreuve se termine.

La présence cachée de Dieu

Ce que nous allons dire s'applique non seulement aux éprouvés mais également aux simples d'esprit, aux handicapés mentaux etc. Dieu est toujours présent, sinon nous serions morts. Aussi c'est forts de cette certitude que nous pouvons aider les éprouvés. Ils vous diront qu'ils sont totalement séparés de Dieu mais parlez-leur de Dieu et vous leur ferez du bien.

Il ne faut jamais considérer quelqu'un comme un cas purement pathologique : Dieu vit en lui et ne demande qu'à grandir. Les malades sont nos maîtres, les assistants de l'Arche le savent bien ainsi que les chrétiens qui travaillent dans les hôpitaux psychiatriques.

Sûreté du diagnostic – ne pas parler trop vite de nuit

Précisément, concrètement, quels conseils donner pour accompagner une personne traversant une nuit de l'esprit ?

Il faudra tout d'abord établir un discernement sûr : une nuit de l'esprit ne survient pas chez n'importe qui, même si le Seigneur, à cause de l'urgence des temps, brûle les étapes. Il y a toujours chez ces personnes un don radical et absolu qui a été fait, une maturité spirituelle déjà bien avancée. Ici, on peut employer ce que j'appellerai le filtre des trois voeux. Quel que soit son état de vie, tout chrétien est appelé à s'affiner dans les vertus de pauvreté, d'obéissance et de chasteté. Il faut donc, rétrospectivement, examiner où la personne en était dans son cheminement avant la "crise". C'est peut-être l'esprit d'obéissance qui est le plus facile à jauger.

Si toute la tradition carmélitaine place la nuit de l'esprit aux sixièmes Demeures de Thérèse d'Avila, c'est-à-dire juste après l'union de volonté, ce n'est pas pour rien. Il faut qu'il y ait une adhésion du coeur, une soumission filiale assez exemplaire pour que l'on puisse évoquer une nuit de l'esprit chez quelqu'un. Il sera important aussi d'avoir un aperçu de sa vie de prière, de son rayonnement apostolique, de sa générosité enfin pour ne pas se fourvoyer et traiter comme une nuit de l'esprit une simple dépression ou une décompensation purement pathologique. Tout cet examen doit porter sur les antécédents car, bien sûr, au moment où éclate le drame, tout est bouleversé et c'est plutôt l'envers de la médaille qui s'offre à nos yeux – révolte, esprit d'indépendance, etc.

Une fois le diagnostic posé, de fait le doute fait partie du jeu et il ne pourra l'être vraiment qu'a posteriori, ou du moins lorsqu'est acquise une sorte de présomption que c'est bien de cela qu'il s'agit. Il faudra déployer autour de la personne une attitude de compassion éclairée pour l'aider le mieux possible à traverser cette épreuve.

Pour cela il faut que le directeur spirituel connaisse bien le vécu de la nuit de l'esprit, ses différentes phases, les divers problèmes qui peuvent se poser, afin qu'il ne soit pas lui-même trop désarçonné, ce qui serait très mal vécu par celui qui est éprouvé.

Une présence constante et aimante

Il faut savoir aussi que ce genre d'accompagnement peut réclamer à certains moments une présence quasi constante, ce que le père ou la mère spirituel ne peuvent pas toujours assumer. On pourra donc déléguer pour cet office, quelqu'un de solide, bien ancré en Dieu, en même temps que bien incarné et qui ne s'effraie pas facilement. Le tout étant vécu dans une totale transparence et communion.

Savoir sortir des sentiers battus de la direction spirituelle

La direction de la personne dans ces moments cruciaux peut être très déconcertante. Elle réclame une grande liberté d'esprit, et il faut se dépouiller rapidement de tout a priori si l'on veut être une aide efficace et savoir sortir des sentiers battus d'une classique direction spirituelle.

Le tout est parfois de faire diversion, de maintenir le contact avec le réel, de façon très incarnée, par de petits travaux faciles, par la conversation, mais aussi par l'aménagement d'une certaine liberté dans la détente sans scrupules inutiles. Ceci réclame parfois d'être discret pour ne pas être objet de scandale pour l'entourage.

Faut-il obliger à la pratique des sacrements et de l'oraison ?

L'aménagement des temps de prière demande aussi une grande souplesse. Il faut les stimuler, les encourager parfois, tout simplement en en prenant l'initiative, mais ne rien forcer de front sous peine d'obtenir l'effet contraire. De même pour la pratique des sacrements, on sait qu'elle est très pénible à celui qui est plongé dans la nuit à cause de ce sentiment de damnation et de réprobation qui est, en général, au coeur du vécu. On peut ici faire jouer l'obéissance aveugle lorsque c'est encore possible.

La thérapeutique : quand, comment ?

La chimiothérapie pourra presque toujours être un palliatif appréciable mais il ne faut pas compter qu'elle soit réellement efficace. Dieu agit et Il est heureux que nos pauvres moyens humains n'aillent pas entraver son action.

Le premier médicament sollicité sera en général le somnifère car, classiquement, la personne perd le sommeil. Il faut s'abstenir ici de tout ce qui est barbiturique et engendre une accoutumance. On trouvera vite avec l'aide du médecin quel est le somnifère le plus adapté.

Viennent ensuite les anxiolytiques, pourquoi pas ? Ils peuvent aider à passer certains caps, mais ne nous leurrons pas trop, l'angoisse de la nuit de l'esprit est telle qu'elle ne saurait être atteinte par ces petites médications.

Devant un désespoir et une prostration qui durent, on se posera le bien-fondé d'une thérapie antidépressive. Là aussi, nous sommes "pour" à condition qu'elle soit suivie de près par un psychiatre chrétien ouvert à la dimension spirituelle et conscient de ses limites.

Enfin, et c'est peut-être le plus délicat, on peut être amené à prescrire des neuroleptiques à doses filées, lorsqu'il y a quelque manifestation délirante ou quelque signe de dépersonnalisation. Il faudra toujours le faire avec grande prudence, en sachant que, chez ces personnes qui ne sont pas de vrais psychotiques, les effets secondaires peuvent prendre des proportions difficilement soutenables.

Sentir ce qui est bon pour l'autre

Pour le reste, il faut savoir durer, instant après instant, sans envisager l'avenir, sous peine d'être tenté par le découragement, durer dans une écoute attentive et intuitive de l'autre. C'est le seul moyen de savoir ce qu'il faut dire ou ne pas dire, d'opter pour l'attitude juste : ferme ou au contraire complice, cela dépend des moments.

Etre attentifs aux moments de renaissance

Enfin, il faut être à l'affût des premiers signes d'éclaircie. Cela peut se passer très vite et il faut s'adapter au jour le jour aux besoins de la personne, sous peine d'entraver cette remontée. Cette remontée, comme celle des profondeurs de la mer, se fait le plus souvent par paliers. Il faut respecter ces paliers, y être attentifs sous peine de retarder l'évolution. Chaque palier recouvre en général une étape de guérison intérieure ou de conversion profonde du coeur.

Il faut savoir au bon moment rétablir un rythme de prière normal, procéder avec prudence au sevrage médicamenteux et réintégrer la personne dans la vie communautaire s'il y a lieu.

XVII

DIEU SEUL SUFFIT

Je voudrais terminer par la parole d'une religieuse contemplative qui connut une nuit des sens très douloureuse où remontaient et s'exprimaient certaines tendances pathologiques. Elle ne fut pas guidée précisément par un père spirituel, seules quelques lectures l'orientèrent. Je lui demandai alors comment elle s'en était sortie seule. La réponse est lumineuse : par l'amour de mes soeurs. Puisse-t-il en être ainsi partout, puissions-nous reconnaître le tourment de la nuit chez les autres, la morsure de l'angoisse et les assauts de la désespérance sachons que la seule présence de Dieu qu'ils pourront percevoir et accepter c'est notre amour, notre douceur, notre gentillesse.

Que rien ne te trouble
Que rien ne t'effraie
Tout passe
Dieu ne change pas
Celui qui a Dieu rien ne lui manque
Dieu seul suffit.

Sainte Thérèse d'Avila

Celui qui est descendu aux enfers ne craint plus les ténèbres de la nuit,
Celui qui a subi la Passion ne brûle plus de la fièvre des passions,

Celui qui a connu les flammes de l'enfer, s'écrie : qui nous séparera de l'amour de Dieu manifesté en Jésus-Christ ?
Celui qui a connu les larmes de la déréliction habite au-delà de la douleur dans la joie paisible et douloureuse de l'amour.
Celui qui a bu la coupe des pécheurs jusqu'à la lie, celui-là est pur, il sait qu'en toute déchéance et dans la plus déchue des créatures, il trouvera Dieu.

Il trouvera Dieu dans la plus haute souffrance et dans la plus haute joie, il trouvera Dieu dans l'absence et dans la présence, il le trouvera dans la lumière et dans l'absence de lumière et celui-là s'écrie : qui nous séparera de l'amour de Dieu manifesté en Jésus-Christ ?

Ni la maladie, ni la mort, car je suis descendu dans le puits sans fond de la maladie, dans le vertige infini de la fièvre de la plus que douleur, là où s'agitent déjà les ombres de la mort, là d'où l'on ne revient pas et voilà que Dieu m'en a ramené. Bienheureux combat qui me valut une telle victoire.

Ni l'angoisse, ni la folie, car j'ai goûté aux pavots de l'absurdité, à l'opium de celui qui nie les formes et vous entraîne dans un chemin resserré dans l'étranglement d'être où s'étouffe jusqu'au cri de vivre.

Déjà j'étais compté parmi les insensés car mon âme avait dit : il n'est plus de Dieu, l'odeur de la mort avait envahi mes poumons et son parfum fané s'exhalait de cette contrée des cauchemars d'où l'on ne revient jamais et Dieu m'en a retiré. Voilà pourquoi j'interroge toute âme vivant en ce monde et ma question est la plus intense des réponses : qui nous séparera de l'amour de Dieu manifesté en Jésus-Christ ?

Non, plus rien ne me trouble, plus de ce qui est trouble n'a prise sur mes sens car à ceux que Dieu a purifiés par le feu de son Esprit, rien n'est impur. Ni ma vue ne se trouble car je ne regarde plus que par l'élan miséricordieux du coeur.

Plus rien ne m'effraie car les ombres de la nuit me sont devenues familières. Il est vrai que j'avais vu s'allonger les ombres et que je pensais : Dieu est comme un soleil qui tombe.

Je ne savais pas que mon âme embrasée s'élancerait comme le char de feu pour un baiser de lumière

Et même la nuit et la ténèbre, j'en mesurais la vraie profondeur alors que le bonheur comme le ciel est infini.

Je dormais dans ma douleur comme en un lit de torpeur mais peu à peu le bruit de tes pas me réveilla.

De nouveau je reçus pouvoir de nommer les êtres et les choses.

Et comme j'aimais la vie ! Celle du monde présent et celle du monde à venir.

Pardon mon Dieu, mon amour, je pensais que tu dormais, insensible à mon malheur et te demandais : comment peux-tu dormir au coeur de ma tempête alors que les puissances des enfers se heurtent à mon être, disloquant mes os. Longtemps j'attendis ta réponse, elle vint peu avant l'aube : c'est dans ta nuit que je dormais et tu souffrais de ma présence. J'étais endormi comme dans la nuit du tombeau pour visiter tes enfers. Mais ne t'avais-je pas dit : passons sur l'autre bord. En paix et silence, même mort en toi, j'étais puissant contre les puissances de la mort et de la nuit. Désormais que rien ne te trouble, que rien ne t'effraie.

Tout passe et seul demeure l'amour. Dieu ne change pas car il est amour, et la face de toutes choses passera mais tout acte d'amour et la victoire que l'amour a remporté dans cette terrible nuit, seront chantés par les anges dans l'éternité.

Tout passe et l'angoisse et la maladie et la terreur et la peur de la peur et l'insoutenable même s'en va.

Et passent les saisons, celle des regrets et des erreurs, celle du temps perdu de ne pas avoir aimé, et les fautes et les chutes et jusqu'à l'amertume de l'amour refusé, tout s'en va.

Grâce te soit rendue qui m'a enseigné l'art d'aimer et la patience d'amour qui obtient et un plus grand désir et un plus grand assouvissement. Grâce te soit rendue pour ce souffrir d'aimer et la joie immense de nommer bonheur ce qui seul rend vraiment heureux. Grâce te soit rendue pour la douloureuse prégnance de ces longues heures qui préparaient un tel enfantement.

Trouillas *(en catalan : le lieu du pressoir à huile, Gethsémané)*
En la fête de saint François de Sales

GLOSSAIRE

Autisme : du grec *autos* «même»

Repli absolu sur soi-même qui fait que la personne vit dans un monde hermétique, fermé à toute communication dans une attitude d'opposition aux approches qui peuvent être faites pour entrer en communication avec elle. C'est le noyau même de l'existence schizophrénique (cf définition). On le retrouve parfois chez de très jeunes enfants. On n'en connaît pas encore précisément l'origine ; on penche actuellement pour un concours de circonstances malheureux : traumatisme affectif, carence d'amour ou d'autorité survenant sur un terrain génétiquement prédisposé ou sur une faiblesse organique.

Du point de vue spirituel, le Père Molinié voit à l'origine de l'autisme un refus plus ou moins concret de la relation qui a quelque chose à voir avec l'orgueil. Le problème est que les dégâts psychologiques qui s'ensuivent sont tels que la personne n'a plus la liberté d'un retour en arrière : l'autiste s'est en quelque sorte réfugié dans un "cachot" dont il a perdu la clef. On peut cependant espérer, à force de patience et d'amour, en tenant compte surtout de la dimension spirituelle, entrer en contact avec la personne autistique et lui faire parcourir le chemin inverse en la ramenant dans le "monde des vivants".

Bouffée délirante :

Eclosion soudaine d'un délire transitoire très varié dans ses thèmes (illusions, hallucinations, sentiment d'étrangeté, de mystère...) vécu dans une sorte de dédoublement de soi. Peut survenir à la suite d'un traumatisme affectif, d'une grande fatigue ou d'un choc émotionnel, parfois même à la suite d'une grande joie ou d'une perturbation métabolique (suite à un accouchement par exemple).

Elle peut signaler le début d'une schizophrénie, mais c'est relativement rare. Classiquement, bien que très impressionnante dans ses manifestations, elle est "sans conséquence sinon sans lendemain", c'est-à-dire qu'elle se résoud spontanément en quelques semaines. Par ailleurs, elle est très atténuée et réduite par les médications neuroleptiques adaptées.

Cyclothymie : cf Psychose maniaco-dépressive.

Délire : du latin *de-lirium* «sortir du sillon»

Le délirant sort du sillon... de la réalité. Il interprète, il a de fausses intuitions, il fabule, il perçoit le monde extérieur au travers de ses illusions et parfois de ses hallucinations.

Le délire peut être construit, très logique et sans faille apparente ; c'est le cas de la paranoïa qui s'accompagne en général d'une note mégalomaniaque avec hypertrophie du moi, fausseté du jugement, tendance à la persécution, à la méfiance, etc. ou bien au contraire il peut être chaotique et incompréhensible comme dans la schizophrénie*. Il s'agit alors d'un délire "paranoïde".

Toutes les variétés intermédiaires entre paranoïaque et paranoïde peuvent se rencontrer. L'existence d'un délire signale une affection soit psychiatrique pure (schizophrénie, bouffée délirante, manie, mélancolie) (cf définitions), soit neurologique (tumeur au cerveau par exemple), soit organique (perturbation métabolique grave). C'est pourquoi, il faut toujours entreprendre de sérieuses investigations devant l'apparition d'un délire.

Syndrome de dépersonnalisation :

Est caractérisé par des impressions d'étrangeté, de déformation du corps ou de la pensée, de sentiment d'irréalité. La personne vit comme dans un rêve, elle se regarde agir comme si elle était dédoublée. N'importe qui peut éprouver ce genre de phénomène à la suite d'un surmenage ou d'un choc émotionnel. On le retrouve aussi dans de multiples maladies mentales.

Hébéphrénie : du grec *hébê* «adolescence» – *phrène* «esprit, pensée»

On l'appelait autrefois "démence précoce des jeunes gens". C'est une forme de schizophrénie qui évolue très vite vers une régression massive. L'adolescent refuse tout contact, se réfugie dans son lit où il se souille. Parfois il est mû d'impulsions énigmatiques et saugrenues qui ont en fait un contenu symbolique important, apparemment absurde ou paradoxal, mais souvent en rapport avec un sentiment intense de frustration d'amour.

Hystérie :

Névrose (cf définition) caractérisée par une facilité à "convertir" l'angoisse et les conflits inconscients par des symptômes somatiques ou psychiques : syncopes, fausses crises d'épilepsie, états seconds, amnésies, paralysies, contractures, anesthésies...

Caractère hystérique :

Ces manifestations émergent sur un certain type de personnalité assez influençable et fluctuant suivant le public qui l'entoure. On trouve chez ces personnes une difficulté à être soi-même, authentique, une tendance à la mythomanie, à la séduction, et à se composer un personnage. L'hystérie signe toujours une profonde immaturité affective et un égocentrisme prononcé. Elle peut "s'enkyster" au fil des années, rendant la personne elle-même malheureuse et tyrannique pour son entourage. Elle peut aussi se résoudre dans une oblativité bien orientée. Il est certain qu'une conversion spirituelle profonde accélère le processus de guérison.

Manie : du latin *mania* «folie»

Contrairement au sens commun qui voit dans la manie une sorte d'habitude exagérée, en psychiatrie le terme "manie" désigne un état de surexcitation avec euphorie, exubérance, agitation, accélération de tous les processus mentaux.

On pense de plus en plus que ce déséquilibre est lié à un désordre métabolique (renversement de certaines constantes dans le sang, notamment des catécholamines).

En phase critique, les personnes peuvent apparaître complètement déséquilibrées. Tout est débridé. On ne peut avoir aucune conversation suivie car les "coq-à-l'âne", les associations d'idées, les pointes d'humour se succèdent à une rapidité déconcertante. Parfois, les troubles du comportement peuvent aller jusqu'à un certain dévergondage.

Pourtant, en dehors des crises, les personnes sont psychiquement totalement intègres, ce qui donne à penser qu'un jour prochain cette maladie ne fera plus partie de la psychiatrie mais sera plutôt traitée dans les services de neurologie. Cela explique qu'il faille tout miser sur un traitement médical : la psychothérapie ne servant strictement à rien pendant la crise elle-même. Avec un bon traitement la crise peut se résoudre en quelques jours ou semaines.

Mélancolie : du grec *melanos* «noir» – *kholè* «bile»

Généralement les crises de manie alternent avec les crises de mélancolie : c'est la psychose maniaco-dépressive (cf définition). La mélancolie est pour ainsi dire l'envers de la manie.

Elle surviendrait chez des tempéraments bilieux. Là aussi, le sens psychiatrique diffère du sens commun.

La crise de mélancolie est un état de dépression intense vécue avec un sentiment de douleur morale terrible, accablante et caractérisée par le ralentissement et l'inhibition de la plupart des fonctions psychiques et physiques engendrant une sorte de prostration souvent accompagnée de mutisme.

C'est une expérience de mort intérieure terrible où le sujet est acculé à la désespérance. C'est sans doute la douleur morale la plus grande que puisse éprouver un être humain. Comme pour la manie, on retrouve chez le mélancolique une perturbation des catécholamines. Seuls les traitements antidépresseurs à forte dose peuvent permettre de rétablir l'humeur du sujet. Là aussi, la psychothérapie demeure vaine, du moins pendant la crise elle-même. Les crises de manie et de mélancolie surviennent en général au changement de saison ou à l'occasion d'un petit facteur extérieur déstabilisant (déménagement, promotion...). Point de vue rythme et alternance de l'une ou l'autre forme, tout peut se voir.

Psychose maniaco-dépressive :

Tendance "cyclothymique" à faire des accès de manie ou de mélancolie, la cyclothymie étant caractérisée par une certaine labilité de l'humeur qui vire rapidement, soit à l'exaltation, soit à la morosité dépressive.

Le rôle de l'hérédité n'est actuellement plus discuté. La cyclothymie est un terrain prédisposant à l'éclosion d'une psychose maniaco-dépressive.

Neuroleptiques :

L'introduction de ces médicaments en 1952 a révolutionné la psychiatrie.

Ils ont des effets à la fois sédatifs et inhibiteurs sur l'excitation, l'agitation et l'agressivité, et en même temps "incisifs" vis-à-vis des manifestations psychotiques. C'est-à-dire qu'ils "coupent" le délire, suppriment, ou tout au moins diminuent les hallucinations et la tendance au repli sur soi. Ce sont des "anti-psychotiques".

Enfin, ils peuvent avoir un impact intéressant au niveau de l'angoisse, c'est pourquoi on peut s'en servir dans certaines formes de névroses obsessionnelles. C'est grâce à leur emploi que l'on a pu abandonner toutes les formes de contension barbares de la psychiatrie du début du siècle.

Névroses :

Maladie mineures de la personnalité qui se manifestent par des conduites ou des troubles traduisant une défense de l'individu contre l'angoisse, contre les conflits qu'il porte en lui-même.

Tout le monde porte en soi une tendance plus ou moins névrotique. Classiquement, on distingue quatre sortes de névroses :

– la névrose d'angoisse : état d'anxiété chronique sur lequel surviennent des crises d'angoisses avec manifestations physiques (étouffement, palpitations, boule dans la gorge, spasmes...) qui n'ont pas de rapport avec un danger réel. C'est la névrose la moins structurée. C'est ainsi qu'on l'a comparée à une "nébuleuse". C'est un peu la maladie de toute une vie, souvent en rapport avec un sentiment d'insécurité infantile (expérience d'abandon, de deuil, parents hypernerveux...).

La vie intérieure spirituelle est certainement un élément important de guérison et de pacification en même temps qu'elle peut être dans certaines phases de purification comme le révélateur d'angoisses inconscientes jusque-là ignorées du sujet. Lorsque les crises d'angoisse et la tension interne deviennent difficiles à supporter, on peut avoir recours aux médications anxiolytiques.

– la névrose phobique : Ici l'angoisse se cristallise sur des choses, des situations ou des personnes qui deviennent objet d'une terreur paralysante (angoisse du vide, phobie de la foule, des espaces fermés, ou de certains animaux).

Le phobique est un être extrêmement dépendant (d'une personne, d'une situation ou parfois même d'un objet). Souvent il prend le parti-pris de fuite en avant pour ne pas affronter l'objet de son angoisse. Il peut tomber dans une véritable boulimie de lecture, de radio, ou de télévision comme pour remplir un vide angoissant et ne pas se retrouver face à lui-même.

Pour permettre à la personne de s'épanouir psycho-affectivement et spirituellement, il faut lui apprendre à renoncer à cette fuite en avant, sans quoi elle risque de passer à côté de sa propre vie.

– la névrose hystérique : (cf Hystérie)

– la névrose obsessionnelle : là le sujet se voit comme submergé par des idées (des obsessions) qu'il voudrait rejeter d'où une lutte éprouvante qui le pousse à élaborer des défenses qui sont autant de stratagèmes pour évacuer l'idée obsédante ou les actes impulsifs qui s'imposent à lui.

Ce sont des personnes inhibées par le doute, les scrupules et qui ont une forte tendance à la méticulosité et à l'ordre. Très rigides, elles manquent souvent de naturel et de simplicité, sont très soucieuses de paraître et du qu'en dira-t-on. Les scrupules et les obsessions peuvent parasiter le champ de conscience jusqu'à l'intolérable. De même, les rites conjuratoires (lavage, vérification ou autre) peuvent absorber la majeure partie de l'activité du sujet. C'est alors qu'une médication anxiolytique voire neuroleptique à faible dose doit être envisagée. Lorsqu'ils ne sont pas invalidants, les symptômes névrotiqus sont considérés comme "normaux". Le névrosé malgré sa maladie garde toujours prise sur la réalité contrairement au psychotique. Il est particulièrement accessible à la psychothérapie.

Son cheminement spirituel est toujours facteur de guérison intérieur à plus ou moins long terme.

Paranoïde : voir "délire"

Paranoïaque : idem

Psychose :

Contrairement à la névrose, elle sous-entend une perte de contact avec la réalité, une rupture avec le monde ambiant. Elle regroupe toutes sortes de maladies mentales allant de la schizophrénie (cf définition) aux lésions purement organiques en passant par les psychoses maniaco-dépressives, la paranoïa (cf définitions) etc. On y retrouve souvent une forme d'angoisse absolue, de type autistique, c'est-à-dire qui sous-entend une certaine impénétrabilité.

Classiquement on oppose en psychopathologie le domaine des névroses à celui des psychoses.

En fait, le passage de l'un à l'autre peut se voir. Il existe aussi toute une série de personnalités intermédiaires dites "border-line" ou "état-limite".

La pathologie caractérielle, elle, n'est ni névrotique ni psychotique, ni vraiment intermédiaire. Elle regroupe délinquance, perversion sexuelle, violence... Elle est caractérisée par une absence totale de remise en question de soi, une certaine "primarité" avec intolérance à la frustration et passages à l'acte sans recul.

Là aussi une conversion spirituelle peut être un élément "bascule" décisif.

Tout ce qui concerne l'alcoolisme, la drogue et les toxicomanies peut être rattaché à l'un ou l'autre de ces domaines, suivant les cas.

Schizophrénie : du grec *schizen* «fendre» – *phrène* «esprit, pensée»

Aliénation mentale, psychose, caractérisée par un processus de désagrégation, d'éclatement de la personnalité avec discordance et dissociation autistique (cf autisme).

On y trouve souvent un délire avec hallucination et idées d'influence : le sujet par exemple reçoit des ondes qui le télécommandent. Tout en lui paraît bizarre, impénétrable jusqu'à cette sorte de détachement qui lui donne un air absent à ce qui se passe autour de lui. La pensée devient archaïque et fonctionne sur un mode magique ou abstrait dans lequel le symbolisme tient une large part.

La vie affective est elle-même paradoxale : amour et haine sont vécus en même temps, c'est ce qu'on appelle l'ambivalence.

Le délire en général très riche au début s'appauvrit peu à peu pour laisser place à une existence autistique, c'est-à-dire à un profond repli sur soi qui ne laisse plus rien émerger. C'est la pathologie la plus courante des hôpitaux psychiatriques. L'avènement des neuroleptiques permet à beaucoup une atténuation des symptômes avec réinsertion dans la société.

Il semble qu'un vécu spirituel de la maladie puisse être un authentique facteur de rémission en ce qui concerne le repli sur soi et le refus de communiquer, même si la personne garde ses fragilités et peut continuer un délire à bas bruit.

BIBLIOGRAPHIE SOMMAIRE

Adrienne von Speyr et sa mission théologique, Hans Urs von Balthasar, Apostolat des éditions, 1978

Adrienne von Speyr, fragments autobiographiques, Hans Urs von Balthasar, Editions Lethielleux, Paris 1978

Angoisse ou contrôle, Roger Vittoz, Editions du Levain 1976

Contribution à la psychologie et la psychopathologie des mystiques, Baruk, Launay et Roland, Annales Médico-psychologique juin 1953

Contribution to the theory of anxiety and guilt, Melanie Klein, in «International Journal of Psychoanal.» 1948

De l'angoisse à l'extase, Pierre Janet, Editions Noëlle, Payot 1926

Des grâces d'oraison, A. Poulain, Paris 1906

Dictionnaire de Spiritualité, Editions Beauchesne.

Ecrits mystiques des béguines, Hadewijch d'Anvers, Editions du Seuil.

Esprit et vertus de saint Paul de la Croix, R.P. Gaëtan, Editions des soeurs passionistes missionaires, 1950

Expérience psychédélique, expérience métaphysique et expérience délirante, Henri Ey, Congrés de psychiatrie et de neurologie, Clermont-Ferrand 1974

François de Sales, Oeuvres complètes, Annecy 1911

Genèse de la notion de réel chez l'enfant, J.M. Sutter in «l' évolution psychiatrique» 1973

Histoire Littéraire du sentiment religieux, Henri Brémond, Bloud Gay, 1929

Ignace de Loyola, autobiographie, Alain Guillermou, Seuil 1962

Itinéraire mystique de Catherine de Saint-Augustin, Dom Guy-Marie Oury, Editions C.L.D.

Je veux voir Dieu, Père Marie-Eugène de l'Enfant-Jésus, Editions du Carmel, 1956

La mélancolie, Tellenbach, PUF 1979

L'amour humain, Jean Guitton, Editions Montaigne, 1948

La névrose chrétienne, Docteur Pierre Solignac, Editions Encre.

L'anticipation, Jean-Marie Sutter, PUF 1953

Le Chrétien et l'Angoisse, Hans Urs von Balthasar. Desclée de Brouwer.

Le concept de l'angoisse, Kierkegaard, Gallimard 1935

L'expérience de la présence de Dieu, Frère Laurent de la Résurrection, Seuil, 1948

Les maladies nerveuses ou mentales et les manifestations diaboliques, De Tonquédec

Libermann (Le vénérable), Pierre Blanchard, Etudes Carmélitaines, DDB, 1960

Louise du Néant, Le triomphe de la pauvreté et des humiliations, Jean Maillard, Editions Jerôme Millon.

Manuscrits autobiographiques, Thérèse de l'Enfant-Jésus, Carmel de Lisieux, 1956

Mystique et psychiatrie, Jean Lhermitte, Annales médico-psychologiques 1953

Nuit mystique, nature et grâce, sainteté et folie, Etudes carmélitaines, DDB, Paris 1938

Obras completas, El Monte Carmelo, Juan de la Cruz, Burgos 1972

Obras completas, Teresa de Jesus, Editorial de espiritualidad, Madrid 1976

Oeuvres Complètes, Thérèse d'Avila, DDB, 1964

Oeuvres spirituelles, Jean de la Croix, Seuil, Paris 1947

Pour consoler et guérir les âmes scrupuleuses ou craintives, Duffner, Casterman 1934

Précis de Théologie ascétique et mystique, Tanquerey.

Rapport de psychiatrie sur la phénoménologie des psychoses, Arthur Tatossian Congrès de psychiatrie et de neurologie de langue française, Masson 1979

Ruysbroeck l'Admirable, Ernest Hello, Editions d'Aujourd'hui, 1984

Saint François de Sales et ses amitiés, Maurice Henri-Coüannier, Monastère de la Visitation 1979

Seconde naissance, de l'homme de l'angoisse à l'homme de la résurrection, Michel Laroche, Nouvelle Cité, 1986

Sermons, Tauler, Desclée et Cie, 1930

Starets Silouane, Moine du Mont Athos, Archimandrite Sophrony, Editions Présence, 1973

Succédané et concomittances psychopathologiques de la nuit obscure, Etienne Degreef, Etudes Carmélitaines 1938

Traitement des psychonévroses par la rééducation du contrôle cérébral, Roger Vittoz, Editions Baillères, Paris 1972

Vie d'amour de saint Jean de la Croix, Père Bruno de Jésus-Marie o.c.d Desclée de Brouwer.

Vie de la Vénérable Agnès de Jésus, M de Lantages 1808

Vie de Monsieur Olier, Faillon, Poussielgue, 1853

Vie de saint Paul de la Croix, R.P. Gaëtan, Pères Passionistes, ERE 1958

Voir Dieu tel qu'il est, Archimandrite Sophrony, Labor et Fides, 1984

TABLE DES MATIERES

Achevé d'imprimer en mars 1988
sur les presses de l'imprimerie Saint Maximilien Kolbe
50140 Mortain, France
Dépôt légal : mars 1988